迫田 恵子
ひとりサロン経営塾主宰
理美容サロンプランナー

小さなサロン

失客しない「価格改正」の方法

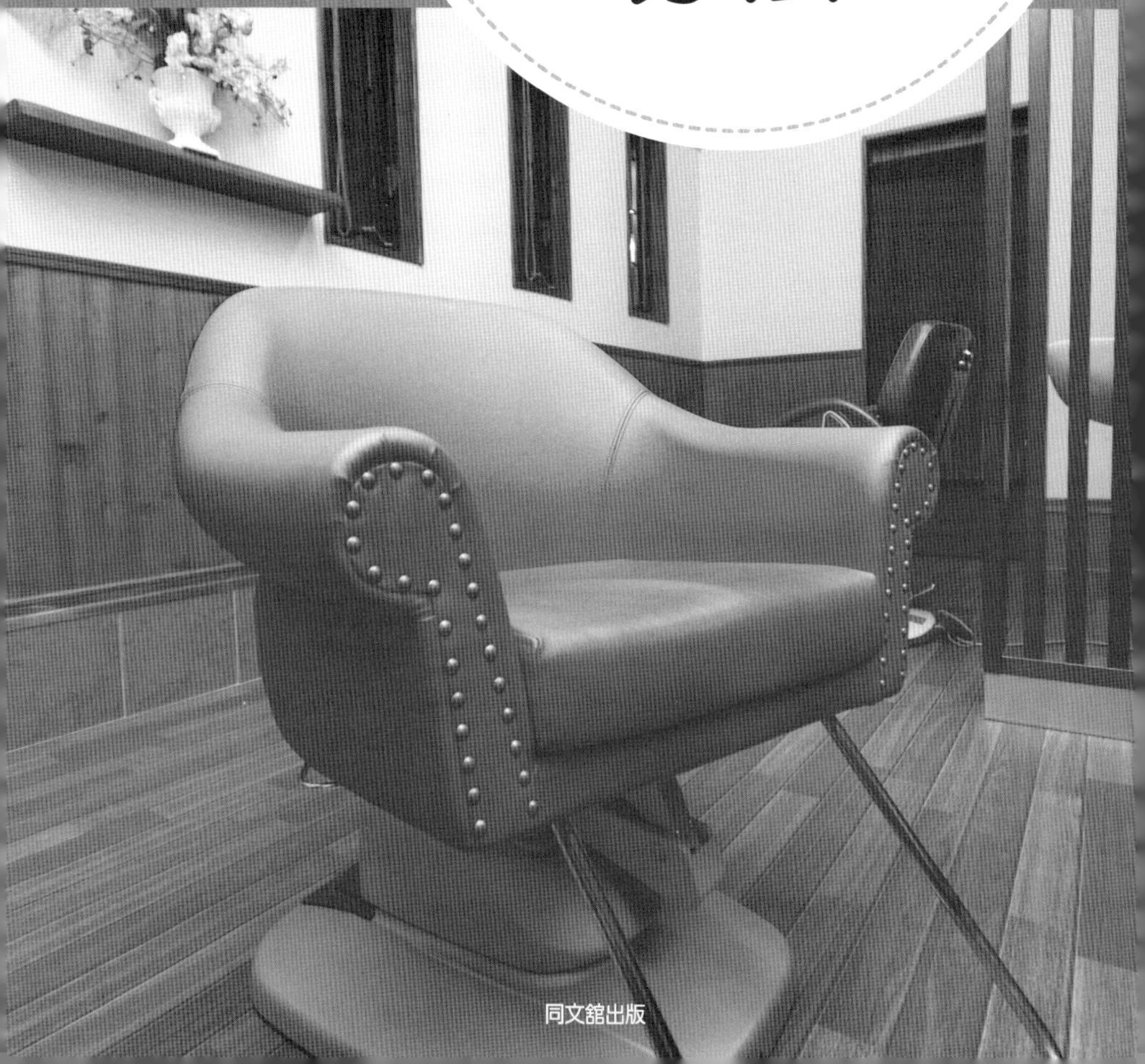

同文舘出版

はじめに

私がひとりで経営していた美容室は、理美容サロン業界の雑誌で取り上げられ、いつしか〝ひとり繁盛サロン〟と呼ばれるようになりました。

ところが2012年、持病の悪化で100人以上の予約客を残し、泣く泣くサロンを休業。現在は小さな理美容サロンに特化した〝売上アップ家庭教師〟として、自身の成功事例を基に全国で売上アップについて指南しています。現場を知る同志目線で、これまで500人以上の小さなサロンオーナー様を支援してきました。

ご依頼案件の約半分は「価格改正」に関するものです。なぜなら、私自身が2000円から5000円へと大幅値上げをしたにもかかわらず、お客様を失うことなく、ひとり繁盛サロンをつくったという実績があるからです。ひとりサロンという〝商売の最小単位〟でも売上アップできることに共感いただき、小規模サロンの経営者様からのご相談が増え続けています。

小さなサロンでは、稼働時間と対応できるお客様の上限が決まっています。「今の売上では利益は出ない」と皆様、危機感を持っているのですが、ご存じの通りサロン業界はオーバーストア状態であることに加え、大型低料金店の進出による価格破壊など、経営状況は悪化するばかりです。そのため、小さなサロンでも割引せざるを得ない状況に陥っているケースも少なくありません。

では、そうしたサロンで利益は出ているでしょうか？　割引をしているサロンであっても、できれば割引はしたくないと思っているはずです。それなのに、どうして大型サロンをマネして、割引で人を集めようとするのでしょうか？

それは、残念なことですが、価値を売ることができていないからです。

本来なら、小さなサロンだからこそ、大型サロンにはない価値を売ることができるはずです。むしろ、稼働時間とお客様の数が決まっている小さなサロンだからこそ、価値を売らなければ生き残ることはできないのです。

小さなサロンだからこそ提供できる価値は何だと思いますか？

担当者が変わらず、流れ作業でないがゆえ、スタッフ全員でお客様を把握することができる、お客様一人ひとりと向き合ってきめ細かいフォローができるなど、大型店にはできないことがたくさんあるのです。

本書では、小さなサロンの中でも特にひとりサロンにスポットをあてています。ひとりサロンのオーナー様はもちろん、スタッフ雇用店のオーナー様にも、失客しない「価格改正」の方法をわかりやすくお伝えし、割引せずとも価値を売るサロンとして再スタートしていただきたいと思います。

価格改正をするときに一番不安に思うことは、既存客の失客です。単に価格だけを上げると失客につながり失敗してしまいますが、メニューに付加価値をつけて価格を改正し、お客様の値上げご負担分を技術以外のサービス価値に変えた上で、十分な準備をして実践すれば大丈夫です。

たとえば、「他店がやっていないお誕生日特典ができた！」「ご紹介特典ができた！」「楽しい年間イベントができた！」「ニュースレターでよい美容情報を知ることができた！」「その場で次回の予約をするとポイントがもらえる！」などのサービスでお客様に喜んでいただくことができれば、５００円の値上げがあっても納得していただけるのです。

巻末の「5ヶ月で価格改正できる行動計画表」に基づいて、成功した先輩たちが活用した失客しない価格改正の方法やサービスの導入法などをわかりやすくお伝えしていきますので、自店に当てはめてスケジュールを組み、活用することができます。

このやり方に沿って価格改正を実施したサロンの1年後の失客率（明らかに値上げが原因で失客した客数）は、５％以下です。値上げをせずに普通に営業していても、失客率は20％を超える（当マンツーマン相談型勉強会ヒアリングシート回答平均）サロン業界では、驚異的な数字です。

もうひとつ、皆様が心配されるのは、資金的な面でしょう。「再スタートするには多額の設備費や内装費をかけなければダメ？　となると、資金力がないのでとても今はできない……」と思われる方が多いかもしれません。そう考え、「リニューアル」ではなく、お客様に対しては、「イノベーション」という言葉を使っています。イノベーションとは、まったく新しい考え方を取り入れて、新たな価値を生み出し、変化を起こし、再スタートを起こすことです。資金力のない小さなサロンでも、〝店内改装し、多額の投資をしてやるリニューアル〟ではなく〝イノベーション〟というスタートラインを決め、いつでも再スタートを切ることができるのです。

私が手掛けたこれまでの成功事例では、改装・設備費を掛けずに再スタートに成功したサロンが全体の過半を占めます。

なぜ今、小さなサロンが再スタートする必要があるのでしょうか？　将来的に消費税が10％へと上がることを見越して、その前に失客しない価格改正をしておかなければならないのです。「消費税が上がる時を機に便乗値上げすることを考えている」とご相談に見えるオーナー様が多いのですが、「消費税はあくまで私たちがお客様からお預かりしているもの」ということがお客様にはなかなかご理解いただけず、「またお店が値上げしたの!?」と思われるのが実情です。不満に思っているお客様に対して、さらに便乗値上げをしてしまうと、信頼関係が崩れ、失客につながります。

価格改正をするには勇気がいります。新しいサービス価値を増やすことも、大変なことです。大変と言うか、日々の仕事量が増え、面倒なことです。

しかし、あなたのサロンが直近でメニュー価格を変えたのは、何年前でしょうか？　他店にはない、お客様に喜んでいただけるサービスが自店にあると言えるでしょうか？

仕入れ価格は数年前と比べて間違いなく上がっています。私たちの仕事は時代にも敏感です。技術向上のために多額の研修費をかけ、他店にはない商材を求め、いろんな勉強をしているはずです。ということは、現状のメニュー表のままで価格改正をしなければ、知らず知らずのうちに自分で自分の首をしめることになってしまいます。

サービスについても同じことです。お客様を失う第一の理由は、マンネリ化による悪循環です。オーバーストア状態の中でお客様に喜んでいただくには、技術価値だけでなく、他店と差別化できるようなサービスが必要です。サービスと言うと値引きを連想するオーナー様もいらっしゃいますが、サービスとは技術料の大幅値引きではなく、誰でも平等に受けられるちょっと嬉しくなるようなおもてなしです。

私たちがいただくのは技術接客料です。

理美容室経営はサロン業界のお手本です。

2013年から毎月、理美容サロン経営専門誌で「小さな繁盛サロンKのレシピ」という経営コラムを寄稿しています。読者は理美容室経営者とばかり思っていましたが、驚くことに、エステ・ネイル・リラクゼーションなど理美容室以外のサロンオーナー様からのご相談が非常に多いのです。実際にお話を聞くと、「美容室は技術接客業の代表で、オーバーストア競争の中でどう生き抜いているのか経営戦略を学びたい！」と相談をいただくことが多いです。中でも理美容室の例はわかりやすいと言っていただけるのは、誰もがお客様として理美容室に一度は行ったことがあるからでしょう。

本書では、理美容業界以外の方にも、美容室を例に、わかりやすく説明していきたいと思います。

定価のない「技術」を売り、お客様に喜んでいただく仕事だからこそ、技術価値やサービス・システム価値を売るための再スタートをしましょう！

小さなサロン　失客しない「価格改正」の方法●もくじ

2章 価格改正のためのメニュー構成の見直し

3章 値上げをプラスにする2倍のサービスとは？

4章 値上げで全ツールを変えることが繁盛への道

5章　5ヶ月でできる！　価格改正までの行動計画

6章 成功の秘訣は半年間のアフターフォロー

7章 価格改正を機に新規集客もはじめよう

8章 価格改正・成功物語

カバーデザイン　春日井恵実
本文デザイン・ＤＴＰ　マーリンクレイン

価格改正の心得6ヶ条

1章

1 理想の働き方を考える

私のところには、「売上げが上がらないのですが、どうしたらいいでしょうか？」という相談がたくさん届きます。そうした方に「理想とするのはどんな働き方ですか？」とお聞きすると、ひとりサロンオーナー様は全員、「一人ひとりのお客様に大切に向き合って技術を提供したい！」と言います。大型店のように流れ作業的な分業制の技術提供ではなく、ひとりだからこそ丁寧な技術・癒しの空間・優雅な時間を提供したい、1日にたくさんの人数をこなすのではなくゆっくり技術を提供して、十分な売上を確保したいのです。

しかし、理想と現実のギャップは大きく、売上は上がりません。

●技術料に定価はない

自分がお店を持った時にメニュー価格をどうやって決めたでしょうか？　そもそも、技術料に定価はないのに、大体、「相場価格か相場よりちょっと安めなら来てもらえるかな？」と安易に設定し、外勤店の担当客を連れていきたい一心で、外勤店と同じ料金設定、もしくは少し安めに設定するサロンが多いのです。

なかには、値引きを繰り返した挙句、薄利多売の経営に変わってしまい、いくら働いても利益が出ないという負のスパイラルに陥っているサロンも少なくありません。

そうならないためには、稼働時間と客単価を設計した上で、基本となるメニュー構成を変え価格改正しなければなりません。これが理想の売上を叶えるための土台づくりとなります。

もちろん、理想ばかり追い求めて、大切な技術を忘れてはいけません。価格改正をするのに、技術力があるのは当たり前なのです。私のところに相談に来られるひとりサロンオーナー様は、自分の技術料は安すぎる！　割に合わない！　と不満に思っている方ばかりです。

まず、理想の働き方と現実の売上を見比べてみましょう。メニュー表から変えなければならない意味が見えてくるはずです。

まず、理想と現実を比べてみる

現状　1日3人ご来店・月に25日稼働

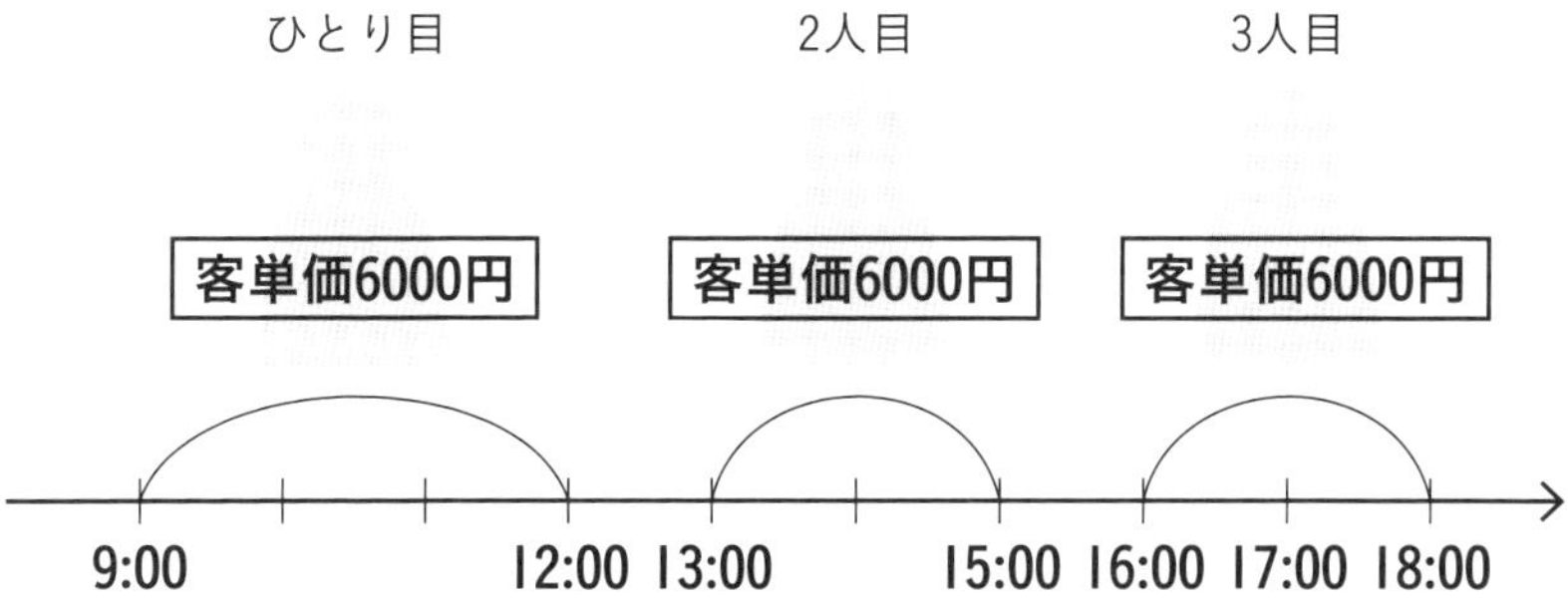

客単価6000円×3人＝1日売上　18000円
×25日＝月売上45万円

理想　1日3人ご来店・月に25日稼働　⬅ ここを変えずに
月売上70万円

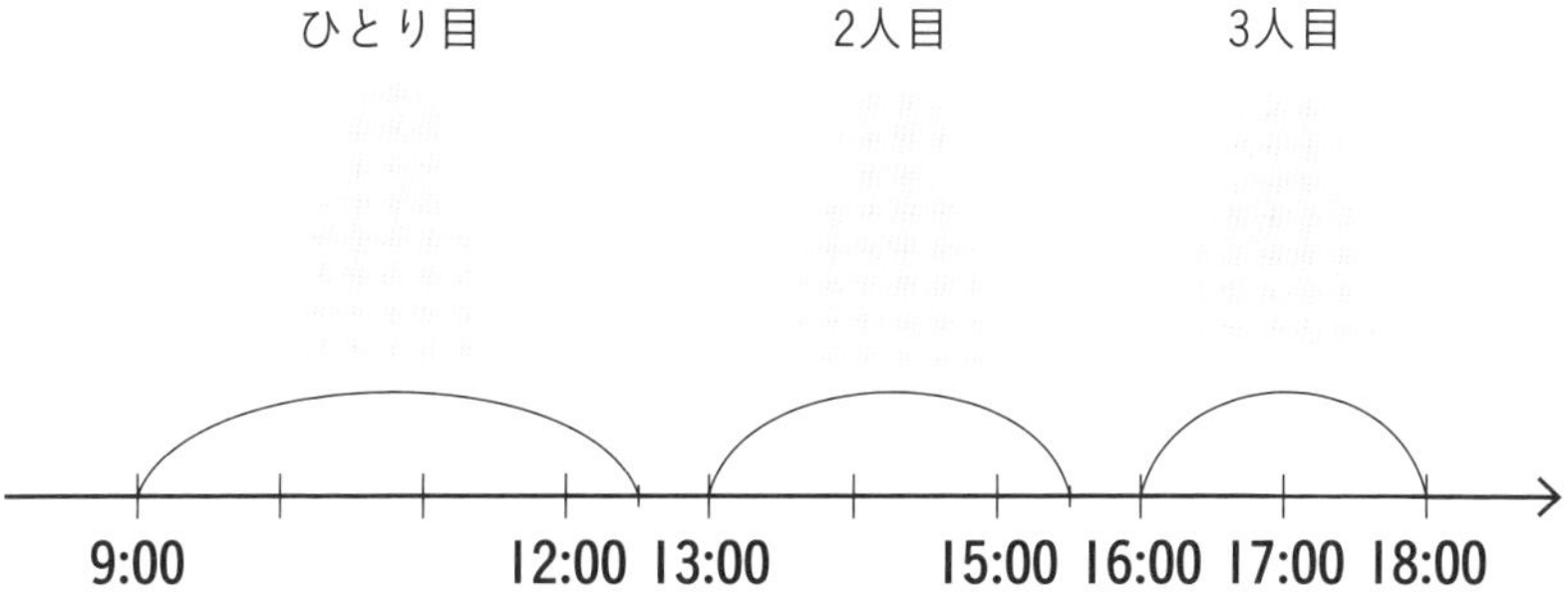

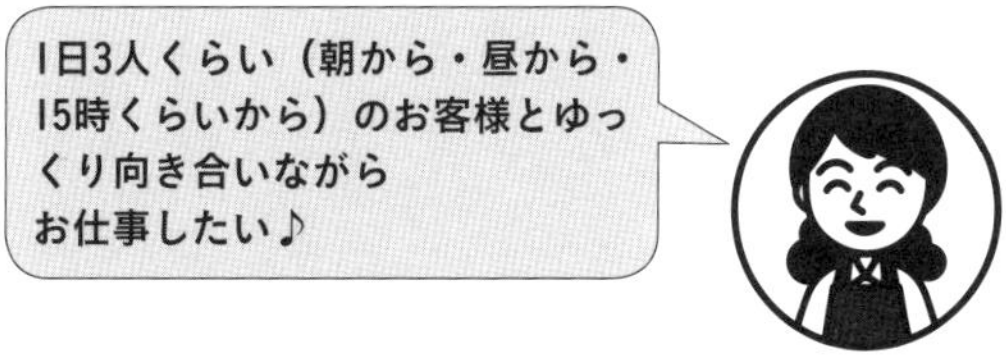

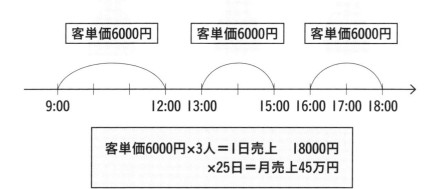

2

ひとりサロンでなぜ値上げが必要なのか？

私が「価格改正をやろう！」と思ったのは、施術時間が平均2時間以上かかる完全予約制のサロンで、1ヶ月に100人以上のお客様を担当するのが現実的に難しかったからです（完全予約制とは、ある時間帯にひとりのみを担当）。

ひとりサロンの繁盛とは「稼働時間いっぱいまでお客様を獲得すること」と定義し、わずか3年目で目標を達成しました。でも、稼働時間いっぱいになっても、売上に満足はできませんでした。

○売上の上限にぶちあたる

前項でも述べましたが、私もオープン当初は商売がどんなものかもわからず、相場料金でやっていればお客様は来るだろう……と安易なメニュー表で営業していました。その後、稼働時間がいっぱいになってはじめて、ひとりでやる商売の売上の上限がこんなにも少ないということに気づいたのです。

そこで選択を迫られたのが、スタッフを増やすか、「客単価を上げるか」の二者択一でした。

お客様と一対一で技術を提供し、癒しの時間を共に過ごしたい私にとって、「スタッフを増やす」選択はありませんでした。もしかしたら商売人ではなく職人だから下した決断だったかもしれません。

「客単価を上げる」ためには、ベース料金は変えず、オプションメニューをたくさんお買い上げいただくことでも実現できますが、私には時間がありませんでした。オプションメニューで客単価を上げるより、基本メニュー料金を「値上げ」をするしかないと思ったのです。

正直、はじめは怖かったです。親しい業者さんに相談しても賛成してくれる人は誰もいませんでした。それもそのはず、リーマンショックの直後です。

そんな不安な思いを最終的に解消してくれたのは「お客様」でした。お客様の真意を聞き、残ってくださるお客様を予測したのです。詳しくは108ページでお伝えします。

理想の売上・働き方を実現するには？

理想 1日3人ご来店・月に25日稼働 ⬅ ここを変えずに

月売上70万円　にするには？

700000円÷25日＝28000円

÷3人＝9400円

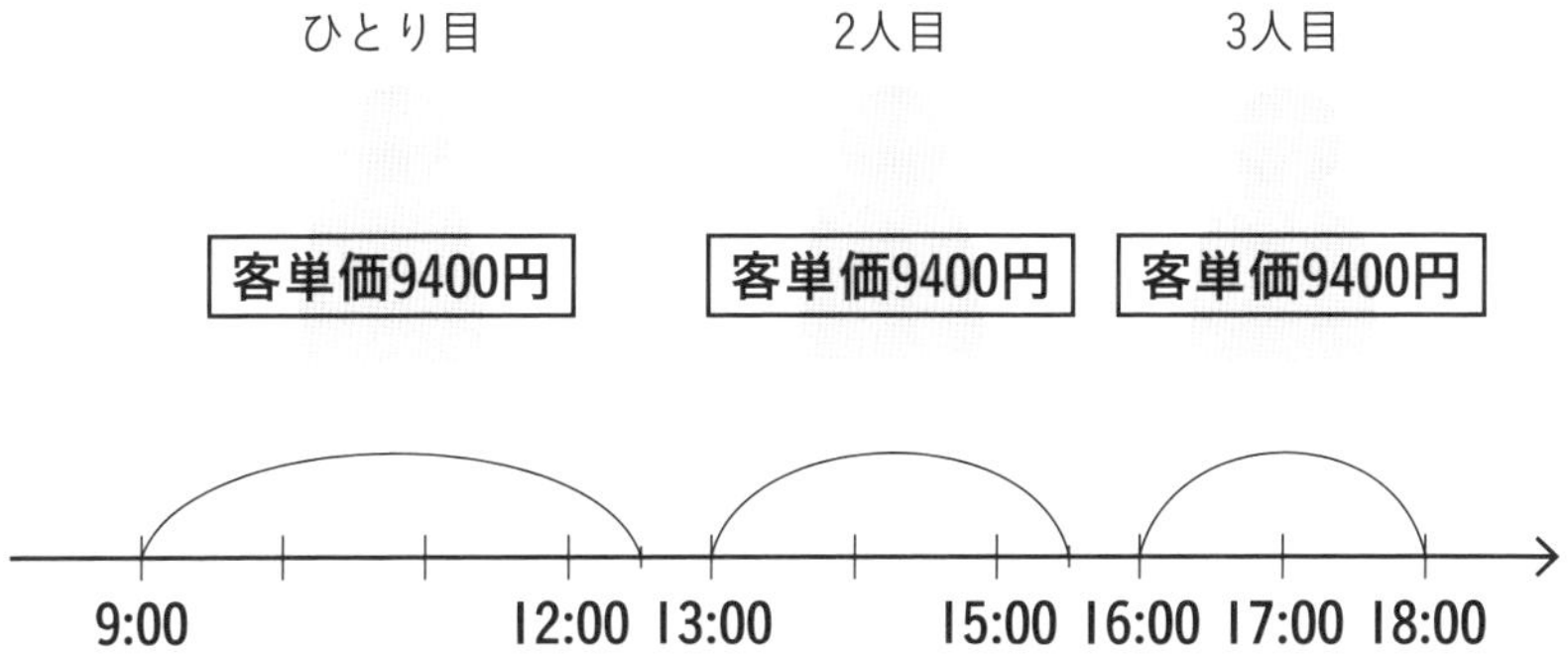

オプションメニューで客単価を上げることも大切だが、
次の予約が入っていたら時間が取れず、お勧めすることができない

⬇

基本メニュー構成を変え、価格改正するしかない

3 お金をかける必要はない。こだわりも極めれば売りになる

利益ゼロ――ひとりサロンの現状

価格改正するなら、店内改装や新設備を導入しなければならないなど、お金がかかるイメージがあることでしょう。しかし、ひとりサロンの場合はどのサロンも資金力に乏しく、ご相談に来られるオーナー様の現状の貯金額を聞くと、経営は何とかやれているが、利益が出ていない状態です。なぜ、そうなってしまうのか？　答えは簡単！　サロンのお財布と個人のお財布を分けていないオーナー様が多く、少し売上が上がると、個人のほうに入れてしまうため、なかなかお店にお金が残せないのです。この体質も、この機に修正しなければなりません。

お金をかけずに再スタートした先輩たちも、利益を出すことに成功しています。通帳に20万円しかなかったのに、毎月20万円貯蓄できるようになった人もいます。

売りになる、ひとりサロンの3つの強み

お金をかけずにやるためには、こだわりを極め、価値を売らなければなりません。そのために、ターゲット層を絞り込む必要があります。〝ひとりサロン〟を好んで、価格ではなく価値に共感してくれる人とはどんな人でしょうか？

①空間・時間を買ってくれる人
②悩みがある人
③大型店が得意ではない人

こうした要求に焦点を合わせると、ひとりサロンの売りになる強みは次の3つになります。

①癒しの場所を求めている人は、自分ひとりだけの場所や空間に特別感を抱いています。
②悩み事がある人は、解消できる安全・安心技術や商材を求めると同時に、他のお客様に知られず相談できる環境を求めています。
③大型店が得意でない人は、担当者が次々変わる分業制を嫌います。最初から最後までひとりが担当する専属の特別感を好み、エイジングケアなど専属感を求めています。

来店されるお客様はひとりサロンに何を求めている?

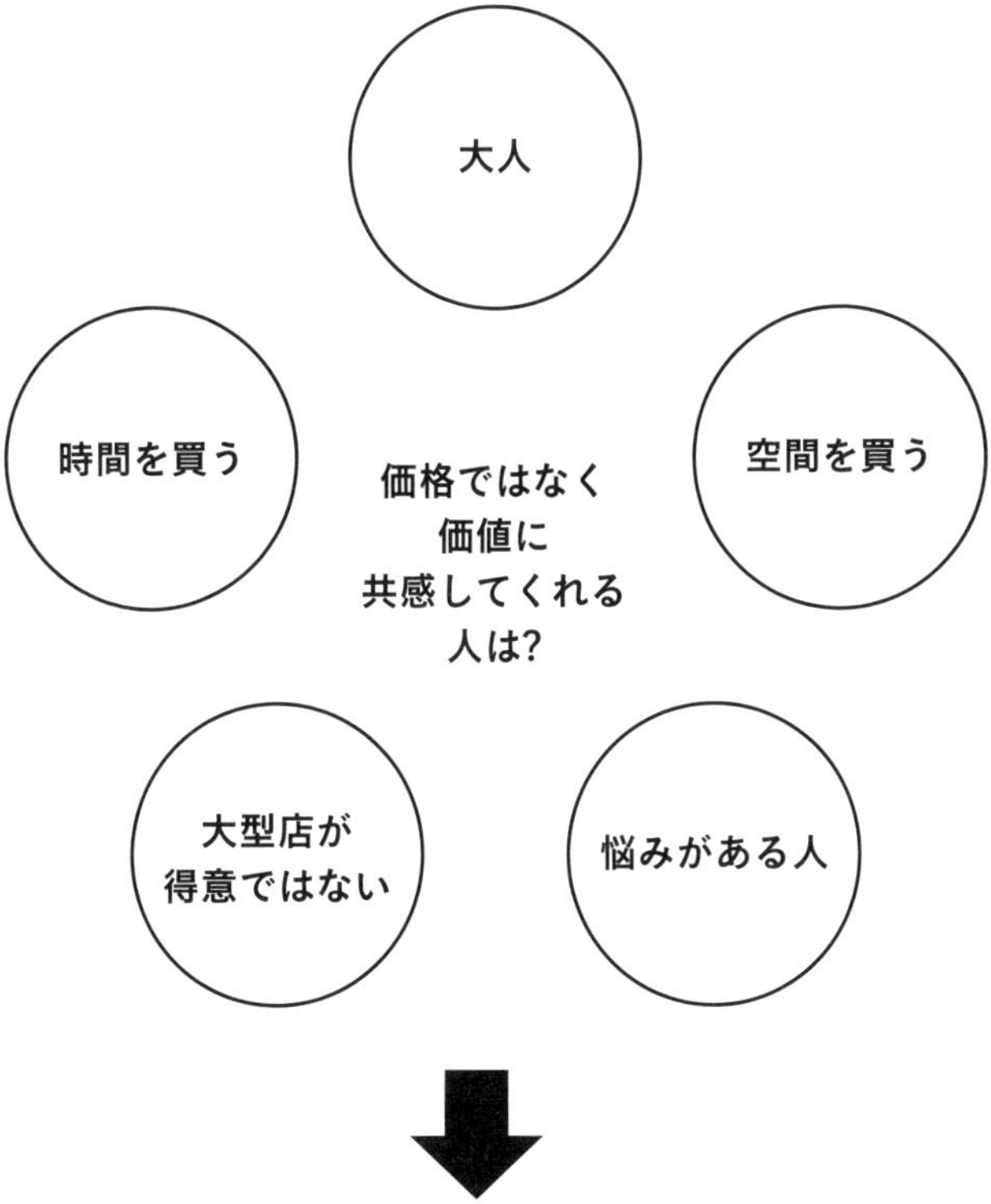

- 空間や時間を買ってくれる人=癒しの空間
- 悩みがある人=安全安心の技術や商材
- 大型店が得意でない=専属の特別感

4

既存客は宝である。「お客様と一緒につくるサロン」を提唱

ひとりサロンの一番の売り物は「自分」

はじめにやることとは、「お客様と一緒に取り組むサロンづくり」を提唱することです。

ひとりサロンの一番の価値は、サロンとしてではなく〝個人〟としてお客様とおつき合いできることです。

たとえば、私のサロンがある愛知県は、世界のトヨタのおひざ元です。私がトヨタに「こんな車をつくって欲しい！」と訴えたとしても、希望通りの車をつくってもらうことはできません。それは、たくさんのお客様の中のたったひとりの要望に過ぎないからです。

一方、ひとりサロンでは、お客様がよほど無理を言わない限り、対応できることでしょう。ひとりサロンの価値はそこにあります。〝個人〟対〝個人〟のおつき合いは、声（＝ご要望）が届くことです。その声とじっくり向き合って、お客様に技術を提供することが得意なはずです。

ひとりサロンを選んでくださるお客様は、年間来店回数が12回（毎月1回）の方も、年間2回の方も、自分のことを上得意客だと思っています。なぜならば、ひとりサロンはどのお客様にもじっくりと向き合っているため、「自分は特別」とお客様が感じているのです。「個人」対「個人」の特別感を価値と感じ、お客様はあなたのことが大好きなはずです。

お客様を応援団にする

そんなあなたのことが大好きなお客様に応援していただくために、あらかじめアンケートでご要望をお聞きします。といっても、再スタートするにあたって、もうすでに決まっていることを、あえてお客様に聞くのです。「再スタートするにあたり、新しい技術価値・サービス価値を入れたいと思っていますが、いかがでしょうか？」と問いかけ、お客様にご意見いただきます。集計結果を最終的には「アンケート結果でお客様からご要望が多かったので、新しい技術価値やサービス価値を導入し、こんな風に変わりました！」と大義名分をつけるのです（アンケートについては110ページ参照）。

お客様に応援していただくためのお願いの仕方

お客様の願いに少しでもお応えして、感謝の気持ちを形にできたらと思っています
サービスの変更、新メニューの導入、より安心・安全の優しい高品質商材などの導入、メニュー構成と価格改正、リラクゼーションメニューの拡大など、これまで以上に重ねて努力してまいります
これからのサロンのあり方について、どうすればよりよいサロンをつくることができるかなど、ただ今、思案中です
「お客様と一緒につくるサロン」に特化したサロンとして再スタートを考えております

アンケートの挨拶状で再スタートをする理由や思いを伝え、
応援団になってもらう

5 ただ値上げするのではない。値上げ負担を2倍のサービス価値でプラスにする

価格改正で絶対にやってはいけないこと

私のところには全国のサロンのお悩み相談が毎日のようにきます。「値上げをしたら失客が止まらない」というご相談も多く、何をやったのかと伺うと、「メニュー表の料金を少しずつ変えた」と答える方が非常に多いのです。

たとえば、お客様に気づかれないように（?）、はじめはカット価格を200円上げ、今度はカラー価格を300円上げ、最後にパーマ価格を300円上げた。来店割引サービスについては、従来は60日以内のご来店で1000円オフだったのを、50日、40日……と期間をどんどん短縮した。また、値上げの告知の仕方が「レジのところに『○月○日より値上げをします。よろしくお願いします』と書いた紙を貼った」だけなど、一方的に値上げに踏み切っているのです。

私は驚きましたが、このように経営しているサロンは、一軒や二軒ではありません。これでは、自らお客様の信用を失おうとしているようなものです。価格改正するには必ず理由がいるのです。それもお客様に納得していただける理由です。

納得いく理由を伝える

アンケートを取り、「お客様と一緒につくるサロン」を提唱することは前項でお伝えしましたが、お客様に納得していただくには、値上げご負担分を技術以外のサービス価値に変えることが欠かせません。値上げをマイナス5とするなら、それをカバーする10のサービス価値が必要なのです。

たとえば価格が500円上がっても、技術メニュー以外のサロンサービス（「お誕生日特典ができた！」「ご紹介特典ができた！」「楽しい年間イベントができた！」「ニュースレターでよい情報を知ることができた！」「その場で次回予約をするとポイントがもらえる！」など）で喜んでいただけると、「1000円以上の価値がある！」と感じ、値上げに納得してもらえるのです。

お客様に納得していただくには？

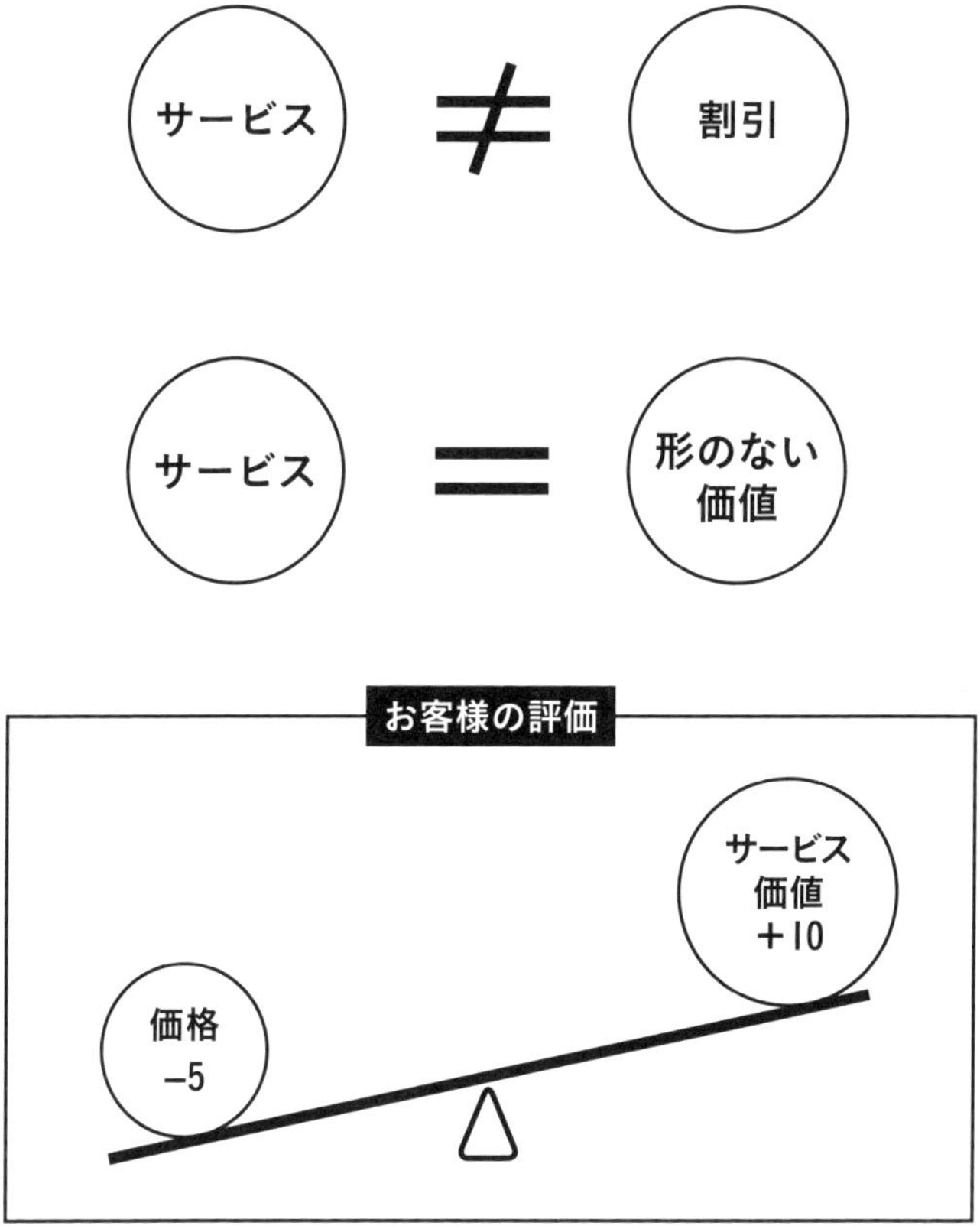

価格が上がった分を「マイナス5」だとしても、
それを補って余りある「プラス」があれば、
お客様の評価は「プラス」になる

6
1年後の失客率5%以下をめざして対策を立てる

先輩の成功事例は何よりも指標になる

前項でもお話ししましたが、サロンの都合だけで値上げするというのが、最も多い失敗理由です。

私は根拠もなく2000円から5000円の大幅値上げをしたわけではなく、1年後の着地点の目標数値を設定してから実行に移しました。ただし、私がひとりで実行した時は未来予想図が何もなかったので、「成功した」という結果と自己満足で終わっていましたが、その後、小さなサロンの〝売上アップ家庭教師〟として多くのサロンを担当する中で、どのサロンでも同じ数字の流れを確認することができました。同じ数字の流れとは、価格改正によるお客様の来店動向です。

再スタートは実行して終わりではない

多くのサロンで共通するのは、価格改正後、4ヶ月目に数字がいったん下がるという点です。再スタート直後はお客様の期待値が高く、売上も上がります。それが4ヶ月目(お客様の2~3回の来店)で下がるのは、値上げを実感しはじめ、不安に思う方が増えるからです。

サロン側は「お店が新しく変わります」と言いますが、技術料金の変化が財布にシビアに表われながらも、変化したサービスを活用できなかったり、サロンの新たな姿勢や誠意を見ることができなければ、お客様は不安・不満に感じ、次第にお店に姿を見せなくなります。

それを防ぐためには、あらかじめフォロー対策を立てておいて、オーナーの姿勢が変わったということを見せていかなければなりません。

価格改正から半年を過ぎた頃から、よい意味でも悪い意味でも数字が読めてきます。数字が読めるというのは、残念ながら来店頻度が少し遅いお客様や、失客しそうな人がわかるということです。もちろんこの時期が来る前にフォローアップ対策をかけて備えます。

価格改正は実行して終わりではなく、後こそしっかりフォローすることで、「1年後の失客率5%以下」に成功するのです。

再スタート1年後までの流れ

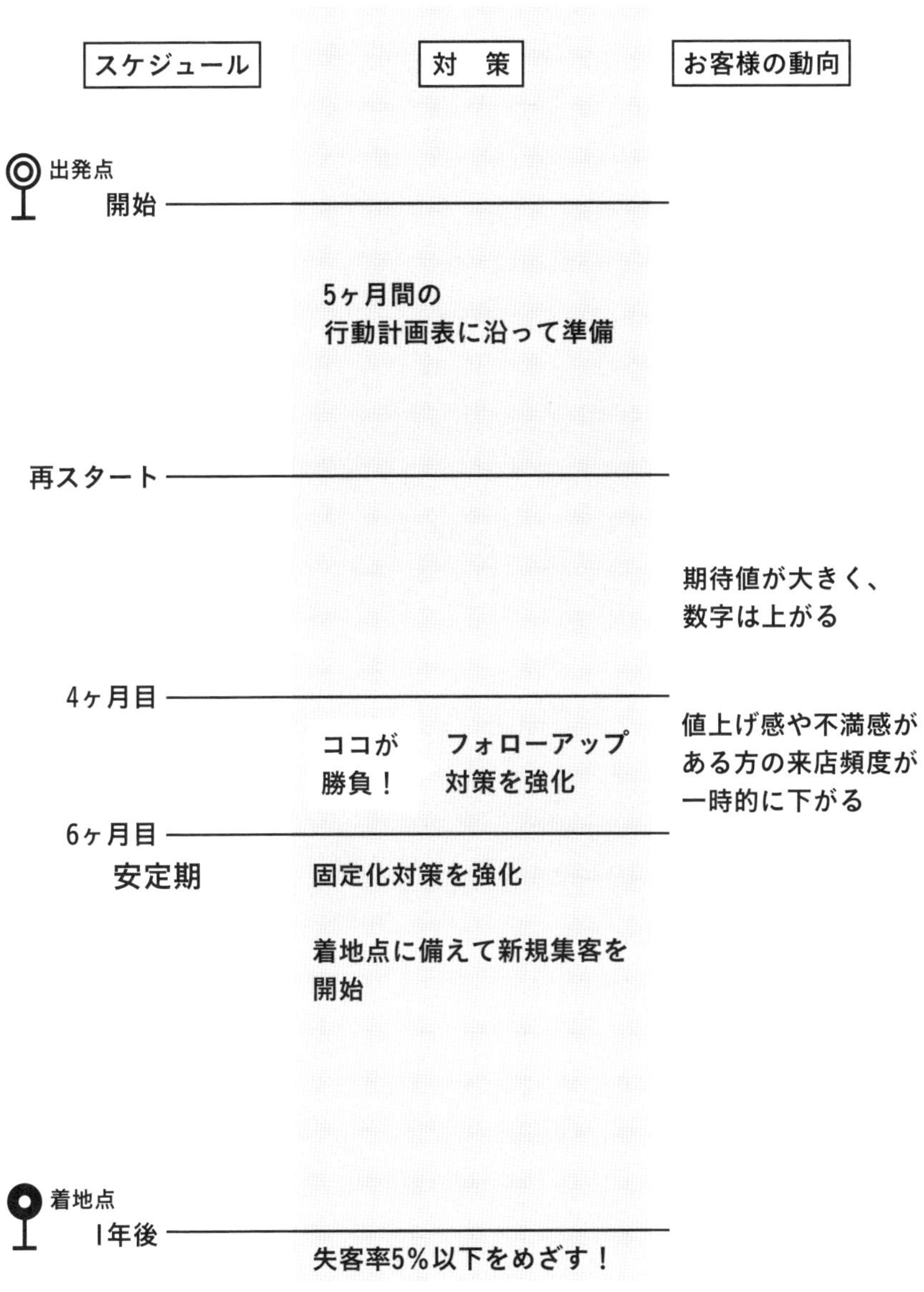

スケジュール	対　策	お客様の動向
🎯 出発点　開始		
	5ヶ月間の行動計画表に沿って準備	
再スタート		
		期待値が大きく、数字は上がる
4ヶ月目		値上げ感や不満感がある方の来店頻度が一時的に下がる
	ココが勝負！　フォローアップ対策を強化	
6ヶ月目　安定期	固定化対策を強化	
	着地点に備えて新規集客を開始	
📍 着地点　1年後	失客率5％以下をめざす！	

価格改正のためのメニュー構成の見直し

2章

1 ネーミングはキャッチコピーである

売れるメニューネーミングとは

メニュー名を決めるときは、インパクトを与えるために普通のメニュー名ではなくキャッチコピーにすることを考えます。キャッチコピーとは「内容がすぐにわかる」ためのものではなく、お客様の「興味や注意を引く」ためのものです。

店先に「カット　○○円　カラー　○○円～」など、メニュー名と金額が並ぶ看板をよく目にしますが、これでは「相場価格で営業しています」ということしかわかりません。メニューにはあなたのサロンならではの魅力がたくさんあるはずです。新メニュー表は、あと10年は変えることができない気持ちで向き合い、あなたのサロンならではのネーミングをつけてください。

文字数はなるべくコンパクトに。メニュー名は10文字ほど、コース内容ならキャッチコピーと同じ30文字以内で表わすと効果的です。

カット↓クレンジングカット（9文字）

頭皮お掃除つきです！　頭皮は美しい髪をつくるために大切です（28文字）

カラー↓ツヤカラー（5文字）

髪のツヤにこだわった艶成分配合の薬剤を使用しています（26文字）

技術価値メニュー構成の組み立て方

もちろん、新メニューには付加価値を入れないと、今までのメニューとの違いがわかりません。サロンでどんな付加価値を入れることができるのかを考えてください。

先の例で言えば、カットの中に「洗浄工程」という付加価値を入れ、「クレンジングカット」と名づける。カラーの「艶成分配合商材」を売りに「艶カラー」と名づけるなど。価格改正は、ただの値上げではないのです。

メニュー名の中に商材名やメーカー名を入れるサロンもありますが、商材は日々、研究されていて、あっという間に陳腐化してしまいます。今だけを考えずに**「総称」で考える**ことをお勧めします。

インパクトのあるネーミングをつける

カット ➡「長持ちカット」「プレミアムカット」
シャンプー ➡「眠れるシャンプー」「お昼寝シャンプー」
カラー ➡「ツヤカラー」「メディカルカラー」「漢方・ハーブカラー」
パーマ ➡「ナチュラルパーマ」「ダメージレスパーマ」
エステ ➡「マイナス5歳エステ」「お手軽エステ」「リラックスエステ」

10文字程度でお客様の興味を引く

コースは内容がわかるように伝える

カット ➡
- カットコース　マイクロスコープによる頭皮診断
- 頭皮洗浄クレンジング
- シャンプーマッサージ
- カット
- 修復のトリートメント
- スタイリング

※頭皮の老廃物を取り除くことにより
血行促進・育毛効果を高めます

カラー ➡
- カラーコース　プレシャンプー
- 保護剤
- シャンプーマッサージ
- 残留物の除去剤
- 修復のトリートメント
- スタイリング

※薬剤を扱う責任を果たすため
髪の負担を減らす薬剤を使用しております

30文字以内で明確に伝える

2

付加価値と演出でメニューをグレードアップする

○すべてを変えないで価格改正をする

価格改正をするのに、旧メニュー価格もすべて総替えすることをお勧めしていますが、なかには、どうしても旧メニュー価格も残したいと言われるオーナー様もいらっしゃいます。そんなオーナー様には、グレードアップメニューをつくることをお勧めします。

○グレードアップメニューをつくる

グレードアップメニューを採用している代表例が自動車です。外から見れば同じ形の自動車でも、内装品などのグレードアップによって、価格は大きく変わります。

美容室なら、たとえば「カット」というメニューの中には、シャンプー＋カット＋スタイリング（ブロー）がついていて、3つ揃って「カット」と言うサロンが一般的です。

グレードアップメニュー構成では、「カット」は「プレミアムカット」に。「カット」が「シャンプー＋カット＋スタイリング」と3つの内容だったのが、「プレミアムカット」は「シャンプー＋マイクロスコープによる頭皮診断＋頭皮洗浄クレンジング＋マッサージシャンプー＋カット＋修復のトリートメント＋スタイリング」と7つの内容が入ります。

グレードアップメニューには、見た目は変わらないけれど内容が変わるという付加価値と演出が大切です。

グレードアップメニューを増やしたら、総客数のうち40％以上の方にグレードアップメニューを選んでいただけるように積極的にお勧めします。「そのうち選んでくれたらいいなぁ」程度の気持ちであれば、はじめから旧メニューは削除すべきです。なぜなら、売上アップのために価格改正するのですから。

単純計算で、総客数100人のうち、40人が2000円プラスのグレードアップメニューに動けば、何もしなくても、売上が8万円上がります。

2種のメニューの違いをはっきり伝える

	現行	グレードアップメニュー
メニュー名	カット	プレミアムカットコース
内容	シャンプー カット スタイリング（ブロー）	シャンプー マイクロスコープによる頭皮診断 頭皮洗浄クレンジング マッサージシャンプー カット 修復のトリートメント スタイリング（ブロー）
価格	4000円	6000円
時間	40分（予約枠60分）	55分（予約枠60分）
売り方	お時間のない方にお勧め	●お任せコース ●通常単品でやっていただくと3000円相当の内容のお得なコースです

現行メニューを残したまま
グレードアップメニューを作成する場合、
40%の移行をめざす！

3 価格改正「上げ幅」はどのくらいが妥当か

再スタートでは全メニューの価格改正をめざします。だからと言って、全メニュー一律○%アップと同じように上げる必要はありません。上げ幅はあくまでも付加価値を入れた妥当な料金設定です。

○美容室

美容室のひとりサロンオーナー様は、市場相場より少し安めの設定をしているケースが多いので、まずは市場相場設定まで持っていくことを考慮し、さらに自店が提供できる付加価値に応じてメニューと価格を決めます。

どの程度の付加価値が適切かと言えば、「旧メニュー価格の20%以上」が目安です。

たとえば、カット価格3000円の20%なら600円。「2種類の中からお好きなシャンプーを選べます」と謳って3600円にするのでは不十分で、「4種類の中からお好きなシャンプーが選べます！　毎回違った香りを楽しめる！　美容室専売の、ここでしか体験できないシャンプー！」という付加価値をつけてカット価格を3800円にする――これが20%以上の付加価値です。

もちろん、シャンプーの種類に限らず、「カット」を「頭皮お掃除つきのクレンジングカット」にすることも付加価値のひとつです。お客様が「2割以上トクした」と感じられるモノ・サービスを提供しましょう。

○理容室

理容室の場合、「シャンプー＋カット＋顔そり＋セット」がはじめからセットになっている形態（総合調髪）が多く、付加価値をつけることで時間がかかってしまうことはあまり望まれません。

ではどんな付加価値が適切でしょうか。たとえば顔そりなどは、蒸しタオルだけでひげを軟化させるのではなく、スチーマなどの低コスト新設備を導入すれば、時間をかけずとも髭の軟化効果が得られる上に、スチームでほんのりあたたかい空間づくりを演出できます。「ぐっすり眠れるシェービング付総合調髪」などネーミングも変えて値上げをします。

「20%以上」の付加価値をつけることを考える

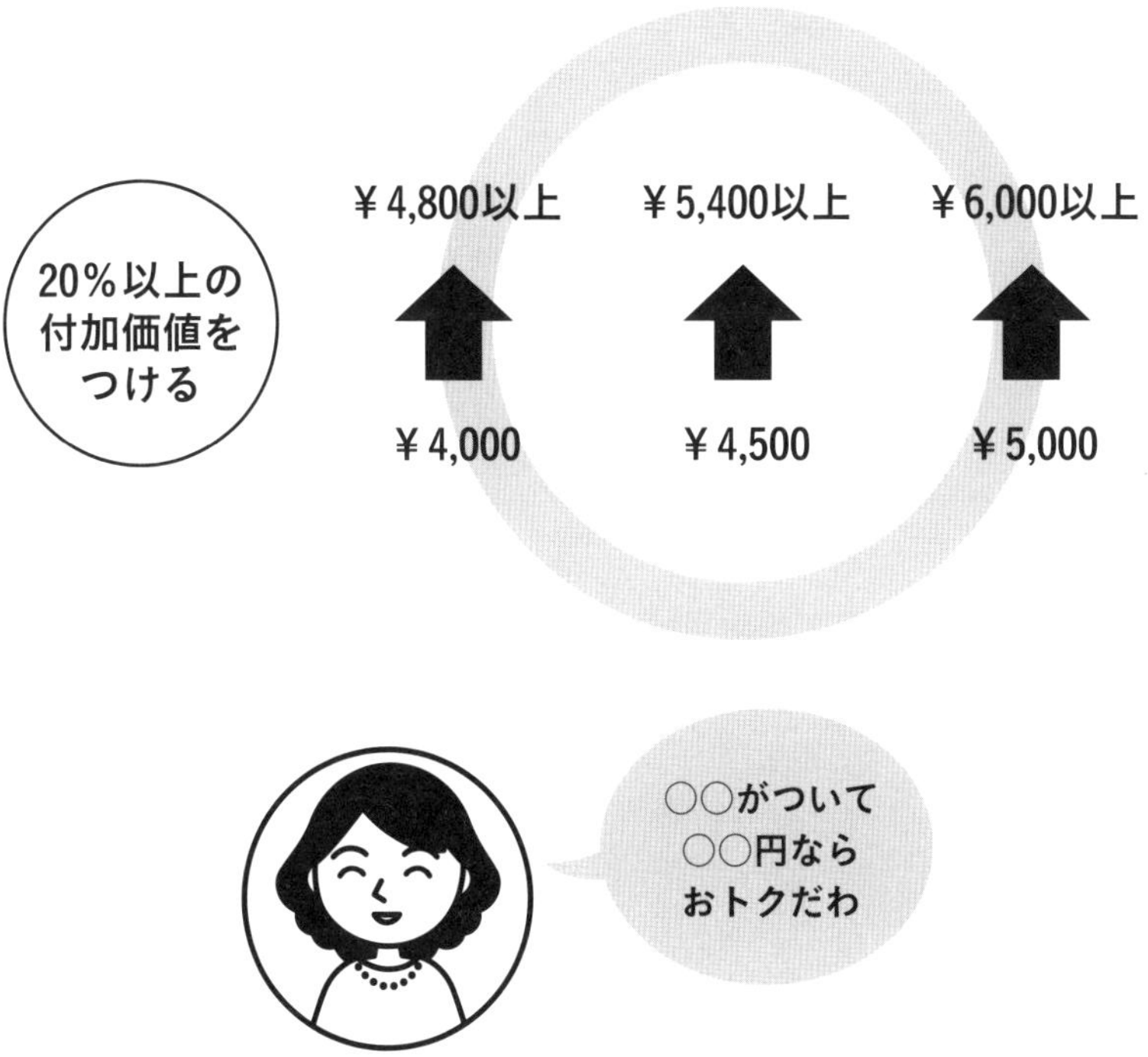

お客様がこう感じることが大切

4 新しいメニューの導入は必須である

改装が必須ではない新たな価値である

失客しない「価格改正」の方法をおさらいすると、**まったく新しい考え方を取り入れて、新たな価値を生み出し、変化を起こして再スタートすること**です。

当初は「リニューアル」と言っていましたが、担当するサロンオーナー様から、「『リニューアル』と言うとお客様が大改装すると勘違いされるので、何も改装費をかけない場合、恥ずかしくて言いにくい……」と言われたのです。そのために「リニューアル」という言葉を使わず「イノベーション」「プチリニューアル」「リフレッシュオープン」など、改装なしでもお客様に期待していただくネーミングに変えました。

私たちは、技術や商材などをご提供するにあたり、店内改装よりも新しいメニューなど「変化」を取り入れなければなりません。

どんな新メニューが売れるか

では、どんなメニューを新しく導入すればいいのでしょうか。私も現役時代には、他店がなるべく取り扱っていないもので差別化したり、今は売上アップを指導している者がいうのも恥ずかしいのですが、「利益度外視でお客様によいものを」とたくさんの商材を探し続けてきました。全国には本当に素晴らしい商材がたくさんありますが、新メニューを導入するにあたって一番大切なことは、新しい商材ではありません。お客様のニーズです。

もちろんニーズを知ってから勉強をはじめたのでは遅すぎますので、導入可能なメニューをあらかじめアンケートのチェック項目に入れておきます。もちろんひとりサロンに通うお客様が欲しがっているメニューで、他のサロンで成功した実績のあるものです。

あなたのサロンでは何を取り入れることができるでしょうか？　また、お客様のニーズは何だと思いますか？　面白いことに回収後、予想とまったく違うことも多くあります。アンケート回収後に集計結果を加味し、新メニューを決めます。

チェック項目式アンケートの見本

ご興味のあるメニューはありますか?

□ ① マッサージ（ヘッド・フェイス・肩） □ ② ヘッドスパ（シャンプー台で行なう頭皮のマッサージ）	癒しの空間
□ ③ アンチエイジングメニュー（若返りメニュー） □ ④ フェイスエステ □ ⑤ 気になるところだけカラー（髪全体ではなく、白髪が特に気になる生え際・分け目・もみあげなどの部分染め） □ ⑥ 育毛メニュー □ ⑦ 増毛メニュー・ウイッグ（かつら）	アンチエイジング
□ ⑧ オーガニック商材（天然植物成分薬剤） □ ⑨ 低刺激商材（化学薬品の量を抑えた薬剤） □ ⑩ 出張美容（身体が不自由になった時の出張業務）	安心・安全
□ ⑪ その他取り入れてほしいメニューなど （　　　　　　　　　　）	その他のニーズ

5 サロンコンセプトを売れるメニューにする

1章で、ひとりサロンのサロンコンセプトで売れるのは、①癒しの空間（ひとりだけの場所）、②安全・安心技術や商材（人に知られず相談できる環境）、③エイジングケア（専属の特別感）とお伝えしました。こうしたサロンコンセプトに合うメニューを導入することが大切です。

○癒しの空間

ひとりだけの場所を売るという代表的なメニューは、静かな空間を売るヘッドスパメニューです。静かな空間（ヒーリング音楽・照明演出など）で施術するメニュー構成が最適です。

○安心・安全な技術や商材

人に知られずに相談できる環境を提供できるのも、ひとりサロンだからこそです。何かに悩んでいる人は、誰にも知られることなく悩みを解決したいものです。美容室や理容室では、くせ毛で悩んでいるお客様に縮毛矯正を提供するなど、お客様が望む技術はできて当たり前で、どんな安心・安全な商材で施術できるかがカギとなります。お客様が思う安心安全な商材とは、髪が傷みにくい・頭皮に負担がかかりにくいなど、薬剤のリスクを少しでも回避できるものです。

○エイジングケア

ひとりサロンではお客様が〝個人〟につくため、生涯客として一緒に歳を重ねる可能性が高いのが特徴で、エイジングケア（老化防止のためのお手入れ）で強みを発揮することができます。

エイジングケアサロンとしてのひとりサロンの役目は、個人を生かした専属の特別感です。技術者がひとりしかいないので、担当が変わることもありません。継続して経過観察ができるという点で、大型サロンと差別化できます。薄毛対策メニューやエステメニューでは効果を測定して画像や数値を残す、それもただ記録するのではなく、経過記録をお客様と一緒に歴史に刻むようなメニューを導入すると、強みを活かせるでしょう。

一生涯、サービスを提供できるのもひとりサロンの強み

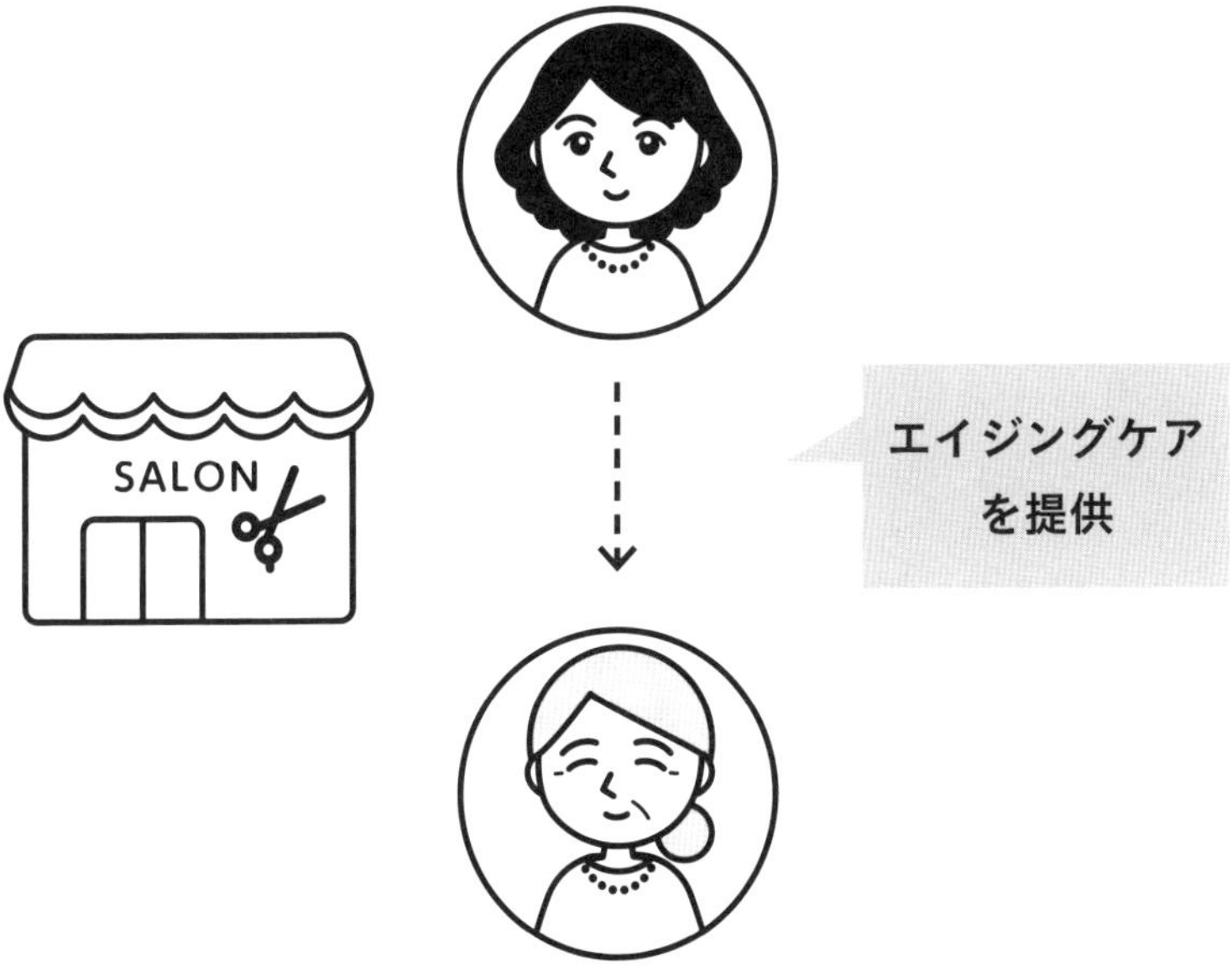

**ひとりサロンではお客様が“個人”につくため、
生涯客（死ぬまで通い続けてくださるお客様）として
一緒に歳を重ねる可能性が高いのが特徴**

6 併用メニューだけでなく単品メニューを強化する

○基本メニューの価格が決まったら次にやること

サイドメニューは多いほうがいいのか、少ないほうがいいのか？　多くなるほど選ぶ自由が増え、ターゲット（その商品を欲しがる人）も広がります。しかし、商材をたくさん準備しなければならない、人気があるメニューとないメニューに分かれてしまう、どうしても売りやすいメニューを売りたくなるなどの理由で、ひとりサロンでは多くのメニューがあっても動いていないことがよくあります。

いずれにしても、メニューの立ち位置をきちんと分けることができなければ、売れるメニューも売れなくなってしまいます。サイドメニューを考えるために、まずは客単価の上げ方を学びましょう。客単価を上げる方法は次の2種類です。

①その日に複数のメニューを買っていただく（併用型）

カットだけではなくカラーやパーマ、トリートメント、店販商品など、メインメニュー以外のメニューまでも買っていただくことです。もちろん併用メニューだからこそ、その日に買っていただけるように誘導しなくてはなりません。

②違う日に違う目的で違うメニューを買っていただく（単品型）

ある時には髪の美を買うためにカット・カラーを買っていただき、別の日に癒しメニューやフェイスエステメニューなど、違う目的で何回もご来店いただいて、いろんなメニューを買っていただくことです。

現在のメニューを左の表に入れて、あなたのサロンは客単価が上がるようにメニューが設計されているかどうかを見極めましょう。たいてい、どのサロンも「併用はすべてOKで、単品メニューが少ない」という結果が出ます。ではどうやって単品メニューを売り出すか、たくさんある併用メニューをひとつでも買っていただくか、それを次の項目で考えてみましょう。

見本

メニュー名	併用	単品	備考
カット	○	○	メインメニュー
カラー	○	○	単品の場合：シャンプーブロー料金追加
パーマ	○	○	カラーと同時施術しないサロン有
トリートメント	○	○	単品の場合：シャンプーブロー料金追加
ヘッドスパ（癒し分野）	○	◎	単品の場合：シャンプーブロー料金追加
（育毛対策）	○	◎	単品の場合：シャンプーブロー料金追加
まつ毛エクステ	○	◎	
エステ	○	◎	
ネイル	○	◎	
リラクゼーション	○	◎	
エクステ	○	◎	
セット・着付け	○	◎	できれば単品が希望のサロン多
店販商品	○	○	ひとりサロンではあまり好まれない

単品メニューに向いている。ここを強化

あなたのサロンのメニュー表は?

メニュー名	併用	単品	備考

7 オプション方式のサイドメニューをつくる

成功事例①

　前項でお伝えしたように、サロンでは併用型メニューを用意しているところが多く、併用型メニューが売りやすいメニュー構成を考えるのは大切なことです。基本的にオプション方式で成功しやすいのは、エステやリラクゼーションです。理美容室に比べて技法や種類が多様だからです。

　ここで、リラクゼーションサロンのメニュー成功事例をご紹介しましょう。売上が上がらずご相談に見えた時、私の第一印象は「もったいない！」でした。なぜなら、とても勉強家で、長い時間をかけて多くの技法を習得し、やっとサロンをオープンされた方で、お聞きすると目を輝かせて、習得した手技の素晴らしさを語ってくれました。これも、このサロンの強みです。なんとかそれらの手技をお客様に選んでいただくために、メニュー構成をオプション方式に変えたのでした。

　最初のメニュー表は、時間と価格で3パターンの中からお客様に選んでいただく形でした。

　お客様にわかりやすく考えて作成したメニュー表ですが、せっかく習得したたくさんの手技が表に出ていません。併用型メニューではなく、単品型メニュー構成で、客単価は9000円台でした。圧倒的に一番短いコースを選ぶお客様が多いという残念な結果でした。

●自分で選べる楽しさ

　再スタートを機に左のメニュー構成に変えました。基本となるコースはひとつで、自分が取得した手技をすべて併用型メニューに変え、オプション方式でお客様に単品メニューを選んでいただく形にしました。

　驚くことに、このメニュー構成に変えてから1人のお客様に併用メニューを2つ頼んでいただけることが多くなり、客単価は軽く1万2000円を超えました。「時間が長い」と敬遠されるかもしれないという心配もあったようですが、もちろん売上も伸びています。

　お客様は、与えられたものを体験するより、自分で選んだものを体験するほうが満足度が高い、という結果です。

リラクゼーションサロンの新メニュー例

【メインメニュー】	サロン〇〇〇　オリジナルコース　70分　9,720円
【オプションメニュー】	すべて20分3,240円
足角質ケア	かかとや足の裏の角質のおそうじをします。 **➡角質の厚さやかかとのかさつきが気になる方に**
足爪ケア	足の甘皮ケア、爪の長さの調整などを行ないます。 **➡足の爪がうまく切れない方に**
リフレクソロジー　フット	足裏の反射区をやさしく刺激します。 **➡カラダの内側からケアをしたい方に**
リフレクソロジー　ハンド	手の平を中心にやさしい力加減で刺激をします。 **➡手をよく使う方、PC作業の多い方に**
ヘッド	首から頭皮にかけて丁寧にほぐしていきます。 **➡頭皮が硬いと感じる方、目の疲れを感じる方に**
腹部オイルトリートメント	お腹まわりを集中的に行ないます。 **➡便秘がちな方、お腹の脂肪が気になる方に**
背中オイルトリートメント	肩こり、腰痛をお持ちの方に喜ばれています。 **➡集中ケアのコースにつけるとより効果的です**
整体（体幹）	体幹の筋肉を刺激し、ストレッチや整体を行ないます。 **➡カラダのバランスを整えたい方に**
かっさ	ローズクウォーツでできたプレートを使って皮膚をこすることで、エネルギーの流れを整えます。
フェイシャルリフトアップ	お顔の小さな筋肉1つ1つを刺激します。 **➡お顔のハリやフェイスラインが気になる方に**
リンパドレナージュ フェイシャル	やさしいタッチとゆったりとしたリズムでリンパの流れをうながします。
リンパドレナージュ デコルテ・腹部	やさしいタッチでリンパの流れを促します。 **➡カラダむくみや全身の疲れを感じる方に**

8 他店リサーチが何よりも大切

「自分のケアはどうしている?」と聞くと、ほとんどのひとりサロンオーナー様が、気心の知れた友達にやってもらうと言われます。私の場合、小さいときから美容室に行くのが大好きで、これまで訪問した理美容サロンの数は軽く500軒を超えています。このリサーチによって、他店の優れたところを自店に適した形で導入し、経営改善することができ、サロンの繁盛につながりました。今では思いがけず、どのコンサルタントも持っていない〝ビッグデータ〟として、私の強みにもなっています。

お客様の立場で他店をリサーチする

リサーチする際にどこを見るかと言えば、一番大切なことは、サービスや売り方です。

- お客様はサロンにどんな魅力を感じるか?
- お客様がわかりやすいご案内があるか?
- 施術を受けてみて適正価格だったか?
- 満足度は?

他店リサーチはあらさがしではありません。「お客様の立場で訪問する」ことで見えてくることを、自分のサロンに反映しましょう。

ひとりサロン経営塾を開催する理由

他店リサーチだけでなく、同業者との交流も重要です。

私が名古屋で「ひとりサロン経営塾」を定期的に開催している理由は、ひとりサロンオーナー様は情報量が少なく、損をしている方がとても多いためです。

ひとりサロンのオーナー様は自分で道を切り開くタイプの方が多く、他店のことはあまり気にならないようです。また、驚くことに人見知りの方も多いため、必要以上に人と関わることを苦手とする方も少なくありません。

「ひとりサロン経営塾」の主旨はひとりサロンに特化した経営戦略を学ぶことと、交流会と称した対話式ディスカッションを行なうこと。売上を上げたいと願う者同士が意見交換をし、情報を集めて迷いをなくす場所です。ひとりゆえの弱点を補うのも大切なことです。

他店に行ってチェックすること

お客様がそのメニューを見て、どんな魅力を感じる?
施術を受けてみて、価格は適正?
お客様がわかりやすいメニュー表?
満足度は？

他店リサーチはあらさがしではない。
「お客様の立場で訪問する」ことによって、それまで
見えなかったことがたくさん見えてくる

9 稼働時間と客単価を計算する

成功事例②

ひとりサロン価格改正の成功事例をご紹介しましょう。

従来のメニュー構成は、美容室のベースメニューであるカット料金が３５００円（２ヶ月以内のご来店なら２７００円）、カラー（カット込）７３５０円、パーマ（カット込）料金が９７２０円で、売上は49万６８５０円、総客数は67人でした（２０１５年７月）。総客数の内訳は、既存客67人、新規客ゼロで客単価は７４１５円。ご相談に見えたとき、オーナー様は「値引きしたくはなかったが、近隣に競合店が多く、少しでも客離れを防ぐために仕方なくやってきた。いくら働いても理想数字にはならないので、価格改正をしたいが、失客するのが何より怖くて今まで勇気がなかった」と言われました。

このオーナー様の最大の強みは仕事が早いことです。通常カットの予約枠を60分で取るサロンが多い中、このオーナー様は40分です。カット・カラー枠は通常１２０分枠で取るサロンが多いところを、90分枠で取っていました。稼働時間と客単価を計算すれば、作業効率がかなり高いことはたしかですが、稼働時間がいっぱいではありません。お子様の保育園の時間との兼ね合いもあり、営業時間は16時までと限られていました。そこで、カットを2種類に分けました。通常カットコースは40分以内で仕上げる「スピード」を付加価値に、ターゲットをお急ぎの方に絞って４８００円で設定。プレミアムカットコースは、60分以内で完成する頭皮診断やトリートメントをつけた６０００円の贅沢コースです。その他のメニューにもすべて、スピードコースの価格帯と付加価値をつけた贅沢コースにしました。

２０１６年７月の技術者ひとり売上は（前年比）１０２万４８９０円、総客数は69人、うち新規客はひとりと、驚くことに総客数は1年前とほぼ同じ（すべて既存客）でも、メニュー表を変え、価格改正をしただけで客単価は1万４８５３円と2倍になりました。稼働時間は上限まで埋まりました。大幅値上げをしても失客を防いだサービスについては、3章にてお伝えしていきます。

1年後の客単価が2倍になったケース

技術売上	496,850円
総客数	67人
（既存）	67人
（新規）	0人
客単価	7,415円

2015年7月（価格改正前）

技術売上	1,024,890円
総客数	69人
（既存）	68人
（新規）	1人
客単価	14,853円

2016年7月（価格改正後）

値上げを
プラスにする
2 倍の
サービスとは？

3 章

1 改装や設備費はいらない。「変化」を売る

● 店舗の改装は必須ではない

「価格改正を実施するには、お金をかけた演出が必要ではないのか?」「店舗の改装もなしに値上げして本当に失客しないのだろうか?」と思っている方が多いことでしょう。私のところにご相談に見える方は、「資金力がないけど売上を上げたい!」と願う方ばかりです。どのひとりサロンオーナー様も、同じ気持ちです。

私が支援したひとりサロンの1年間の追跡結果は、失客率(明らかに値上げが原因で失客した人数)はわずか5%以下。値上げをしなくても新規客失客率は20%以上(当サロンデーターより)という中で、多額の設備費をかけずとも成功したサロンが半分です。

たとえば、シャンプー台を最新式のフルフラット式に変えるとなると、設備費・内装修繕費だけで約200万円ほどが必要となりますが、シャンプー台を変えずにパーテーションを配置して雰囲気を変える、イメージカラーのカーテンをつける、受付カウンターの位置を変える、セット面に生花を飾る、タオルやクロスの色を変える、店内に観葉植物を入れるなど、お金をかけずに印象を変える方法はたくさんあります。

値上げをしてもご来店いただくためには、「お店がキレイになった」「最新設備を入れた」ではなく、**「変わった!」と印象づける**ことが大切です。そして「新しいサービス価値」を入れることです。「新しいサービス価値」について、この章でお伝えしていきます

● 継続的に変化を楽しんでいただく

「変わった!」という印象を、最初に持ってもらうだけではいけません。飾る生花を季節ごとに変える・季節イベントごとに小物を変えるなど、ご来店のたびに「変化」を印象づけて楽しんでいただくことが重要です。

なぜなら、価格改正に関係なく、通常経営でも失客の最大の理由は、「なんとなく飽きてしまったから」で、サロンのマンネリ化を改善することが、失客防止の最善の策となるからです。

お金をかけずに「変化」を感じてもらう方法

場所	変えること	継続的にやること
店先	●看板を変える ●ウェルカムボードを出す（ご来店予定のお客様の名前を書く） ●寄せ植えを置く	●ウェルカムボート（出し続ける） ●寄せ植えの種類を変える
ウェイティングスペース	●イスにカバーをつける ●机を置く ●お茶スペースを設ける	●季節に合わせカバーの色を変える
受付	●配置を変える ●サロン名を入れる ●会計時のカバン置き場をつくる ●店販商品を売る	●店販商品を季節ごとに変える
セット面	●生花を飾る ●POPを変える ●マットを置く	●生花を変える ●POPを季節ごとに変える
シャンプースペース	●仕切りをつける ●カーテンをつける ●ホットキャビを置く	●ホットキャビのアロマの香りを変える
店内	●観葉植物を置く ●生花を飾る	●生花を変える

2

お誕生日特典は「お祝い」するもの

◎お客様と一緒にお祝いできる機会は2つしかない

お客様の誕生日とサロンのオープン記念日（誕生祭）は、お客様と一緒にお祝いできる貴重な機会です。オープン記念日は一緒にお祝いするというより、感謝の気持ちをお伝えする「年に一度の感謝祭」と思うと、お客様のお誕生日を盛大にお祝いしなければならない理由が見えてこないでしょうか。私の場合、お客様の誕生日の当日にバースデーカードが届くようにしていました。バックルームにお客様のお誕生日早見表と、1ヶ月分のはがきポケットをつけて、毎日チェックしていたのです。お客様から「誕生日当日に届けてくれるお店はないので嬉しい」と言われました。

◎誕生日には手ぶらで来ていただけるプレゼントを

「あなたのサロンではどんなお祝いをしていますか？」とお聞きすると、「オプションメニューのトリートメント（施術）をサービスします」といったことをよく言われますが、その施術のためにお客様がご来店になると、シャンプー・ブロー料金が追加されるケースがほとんどです。となると、お誕生日特典を使うためには、カットなど他の施術を頼まなければならないことになります。これでは「一緒にお祝いしましょう！」と言っておいて、「来るのなら、他のメニューもやってください！」と言っているのと同じことです。

できればお誕生日くらいは、手ぶらで来ていただけるような「お祝い」を準備したいものです。私ははがきの他に生花やヘアケア商品など、施術を受けなくても渡せるものを準備していました。それでも、プレゼントだけを取りに来られるお客様はひとりもいませんでした。ひとりサロンだからこそ、お客様と信頼関係を築くことができた証ではないかと思うのです。お金をかけるばかりがサービスではありません。ひとりサロンだからこそできる、ささやかなおもてなしでいいと思うのです。総客数が桁違いに多い大型店では、このような細かいおもてなしはなかなかできないはずです。

お客様のお誕生日早見表

1月

日(生)	お名前	西暦	お名前	西暦	お名前	西暦
1	A様	1968				
2	B様	1991				
3						
4						
5	C様	2008	D様	1960		
6						
7	E様	2004	F様	1955	G様	1992
8						
9						
10	H様	1980				
31						

1日に3人まで書き込める表を12ヶ月分用意しておく

はがきポケット

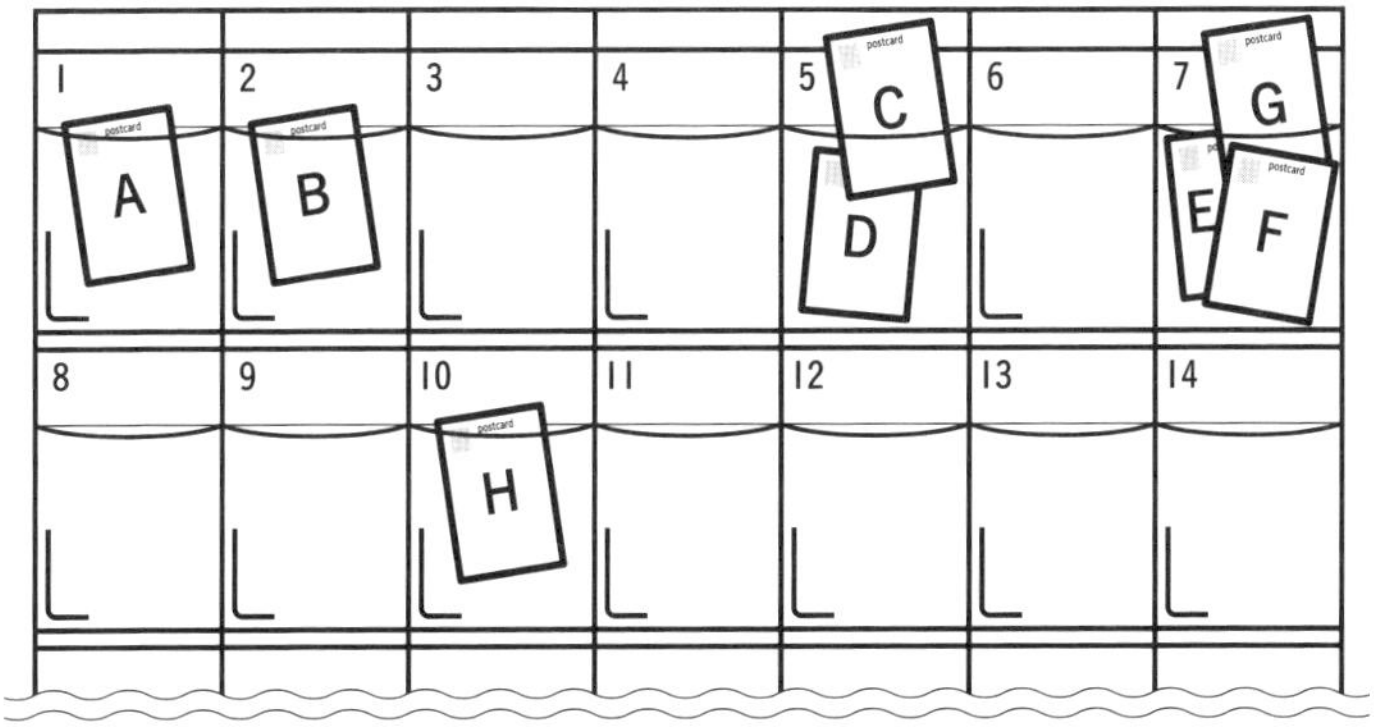

1〜31まで日付ごとにはがきサイズのポケットをつけたもの。
該当する誕生日のお客様へのはがきを入れておいて、
（市内なら）前日にポストに出しに行く

3

サロンは作業場ではない。見られていることを忘れない

私たちの仕事は技術を提供する「職人的な仕事」と、お客様にご来店いただいておもてなしをする「接客業」と、2つの面を持っています。定価のない商品を売る技術接客業の長所であり短所は、職人気質の方が多く、接客業＝商売人になれない方が多いという点です。

●個性の前に「お客様の場所」であることを意識する

お客様にとって、技術はできて当たり前のことですから、ここでは接客業という視点からサロンを見てみましょう。まず、サロンは作業場ではありません。お客様に常に見られていることを忘れてはいけません。

美を売る仕事ですから、ファッション性にあふれた服を着るのは素晴らしいことですが、作業上、袖を何回もまくったり、アクセサリーをはらったり、靴音が店内に響いたり、服の柄が鏡に映るお客様のシルエットを阻害したりするのはよくありません。

美容室では、カラー剤やパーマ液など薬剤で服が汚れてしまうことが多く、どうせ汚れるからと黒色を好む方も多いのですが、黒一色はせっかく仕上がったお客様の鏡に映る印象を暗くしてしまいます。

美容室という仕事場で着る服は、自分の個性を出すためのものではありません。お客様が一番美しく輝ける瞬間の演出、癒しの空間づくりを提供するものです。

●第一印象は安心を売る

私がご支援するサロンのオーナー様には、ホームページ等のプロフィール画像に、襟が大きく開いていない服を来て撮影していただくようにお伝えしています。人は第一印象が肝心です。毎日のお仕事なので服選びも簡単ではありませんが、迷ったときは、誰が見ても「清潔」なものを導入すべきだと思います。ひとりだから服なんて関係ないと言われるオーナー様も多いのですが、おもてなしの代名詞とも言えるホテルでは、必ず制服を着用しています。おもてなしを提供するという点では、サロンも同じ。着用するものは制服だと思って、見直してみませんか？

安心感、清潔感を服で表わす

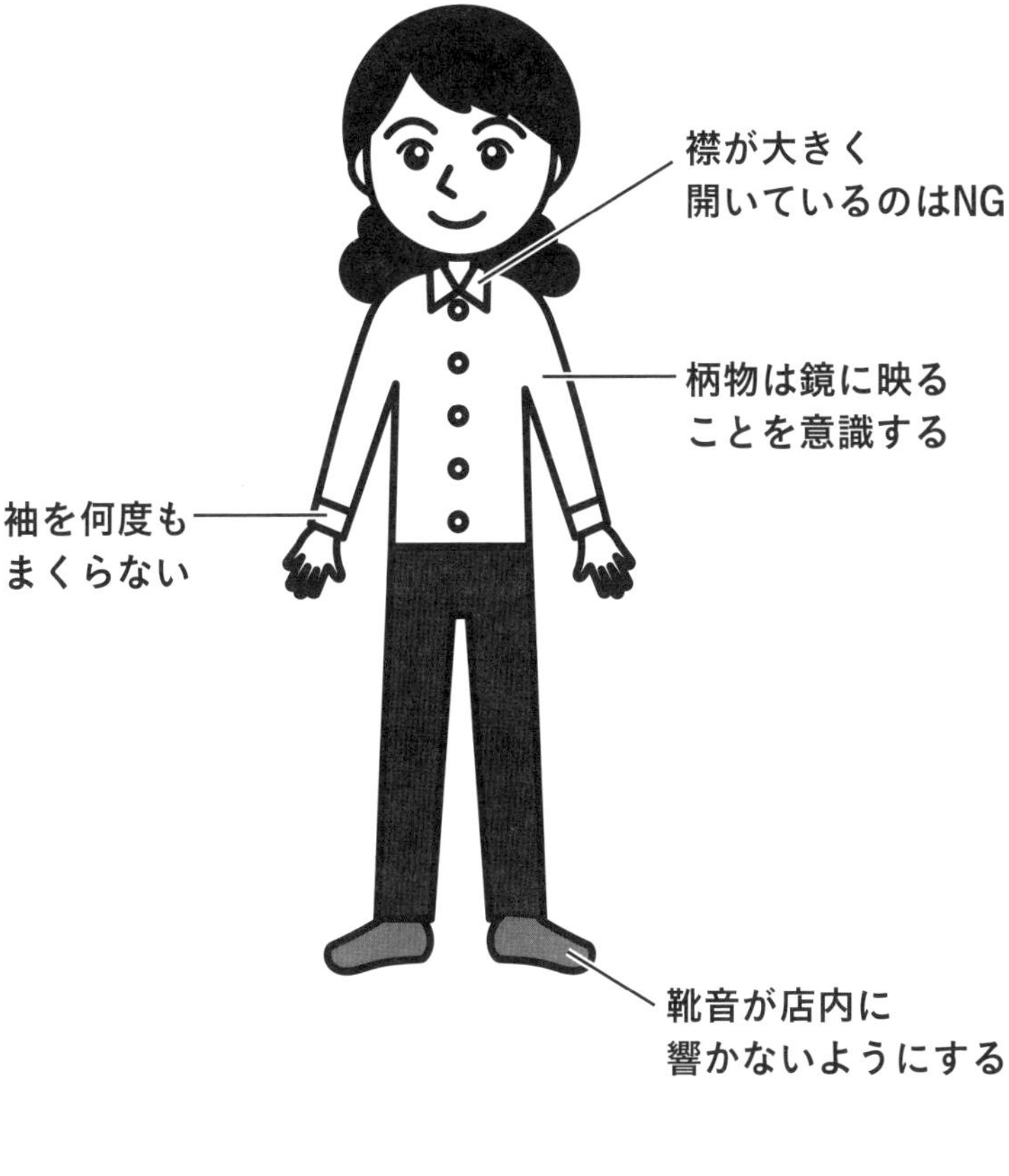

4

お客様が買った空間。どう過ごしてもらう？

お客様に買っていただくものは技術だけではありません。たとえば「指名制」とは、私たちに依頼する時間を買っていただいているものです。

他にお客様が買っているのが何か、おわかりでしょうか。それはお客様が滞在する「空間」です。この話をすると、今までそんな風に考えたことがなかったと言われることが非常に多いのですが、お客様が買った空間の過ごし方について見直してみましょう。

待ち時間の過ごし方は、雑誌を読んでいただいたり、音楽を楽しんでいただくのが一般的でしょう。これはどのサロンもやっていることです。では、ひとりサロンだからできるサービスにはどんなものがあるでしょう。

ひとりの空間を快適に過ごしてもらう方法

小さなわがままを聞いてあげることも、お家のリビングにいるようにくつろいでいただくのも、ひとりサロンだからこそ提供できるサービスです。

私が実践していたことをご紹介しましょう。

美容室でお客様が読まれる雑誌には、どうしても切り落とした髪の毛が挟まってしまい、それらをすべて取り除くことは困難です。私のサロンでは、そうした雑誌はすべて破棄し、新品の同じ雑誌を買い直していました。

女性スタイリストオーナーには珍しく、お客様の男女比が4：6（女性スタイリストの男性客比率は平均約1割）だったので、男女取り混ぜたいろんなジャンルの雑誌をご準備し、どんな方にも待ち時間を楽しんでいただけるように努めていました。

「この部分の記事が欲しい」と言われれば、新品のものでもすぐに差し上げて、同じものを買い直しました。

ひとりだけの空間を最大限に利用して、テレビを用意し、お好きなCDやDVDをお持ちいただいて一緒に楽しむこともありました。小さなお子様連れのお客様に特に好評で、「子供がお気に入りのDVDでおりこうさんにできるから、ここだと安心して一緒に来られる」という来店理由をいただいたことも、何度もあります。

著者のひとりサロン「K」店内の様子

「空間を買っていただく」ことを考えて、
リラックスできるようにモノを最小限に抑えている

5 マンネリ化を解消する年間イベント企画

サロンにお客様が来なくなる、つまり失客の理由は何だと思いますか？「技術を失敗してしまう」「価格にご満足いただけなかった」「カウンセリングでお客様の心をつかめず想いが伝わらない」など、いろんなものが挙げられます。もちろんこれらも大きな失客理由ですが、最大の理由は「お客様が飽きてしまう」ことです。

値上げをせずに経営している場合でも、1年間の失客率は20％以上と言われるサロン業界で、私の場合は価格が上がっても失客率を平均5％以内に抑えています。なぜなら、1章でもお伝えしたように、お客様に値上げ負担分を技術以外のサービス価値に変えて「変化」を売り、継続しているからです。「変化」を印象づけるのに最適なのが、年間イベントやキャンペーンです。

「常連のお客様にはいつも同じメニュー」「お話しするのはいつも差し障りのない時事ニュース」「前回いつご来店があったのか覚えていない」「新商品の情報をお伝えしていない」――その結果、お客様が飽きてしまう。マンネリ化解消のためにも、年間のイベントなどを組んで、変化を楽しんでいただきましょう。

● 最大のイベントは「サロン誕生祭」

年間イベントというと、クリスマスや母の日など季節イベントの開催が一般的ですが、まず導入したいのが「サロン誕生祭」です。ひとりサロンのオーナー様には、オープン記念日を一緒にお祝いするというイメージがない方が多いものですが、お客様とともに歴史を刻むという意味で、この機会にぜひ導入してください。

なお、再スタートの開始月は誕生祭に合わせるのがお勧めです。オープン月と再スタート月を同じにすると「生まれ変わり」を印象づけることができるからです。嬉しいことに私の現役時代には、毎年、誕生祭にお客様からたくさんのお祝いのお花が届きました。毎年サロン誕生祭をやることで、お客様が覚えてくださるようになったからです（年間イベントの詳細は6章）。

イベントとキャンペーンの違い

イベント サロンの利益に関係なく、お客様に喜んでいただくためのもの

キャンペーン 「いつ来てもこのサロンは新鮮！」とお客様に感じていただくためのもの

年間企画	やる意味	内容
イベント	既存客の固定化	サロン誕生祭 バレンタインデー 母の日 父の日 ハロウィン 年末 年始
キャンペーン	来店頻度上げ	期間限定コース 期限付きコース
	客単価上げ	お試しコース 特別コース
	新規集客	お友達ご紹介メニュー イベント連動メニュー

6 五感で感じる月替わりサービス

◎季節を感じる喜び

　サロンにお越しになるお客様の年代はさまざまで、特に小さなお子様がいない世帯やひとり暮らしの家庭では、季節を感じることが少なくなります。私もそうですが、子供が保育園に通っていた頃は季節ごとの行事で制作物をつくってきたり、母の日に感謝の手紙をもらったり、夏休みに入る頃には朝顔の鉢を持って帰ってきたり……。ところが子供が独立して夫婦2人の生活になると、季節を感じることがめっきり少なくなりました。サロンはお客様が定期的に通う唯一の場です。そのサロンで季節を感じていただくことも、大切なサービスです。

◎聴覚・視覚・嗅覚・触覚・味覚に働きかける

　ひとりサロンだからできる五感で感じる月替わりサービスとは、一対一だからできることです。

聴覚：月替わりで季節を感じる音楽を流す
視覚：町に出かけ、季節の風景や街のイベントを撮影してお知らせ・ＰＯＰで見ていただく
嗅覚：ドアを開けた瞬間、季節の身体の体調に合わせた効能のアロマや茶香を焚いてリラックスしていただく
触覚：夏には涼しさを感じるもの（ご来店時の冷たいおしぼりなど）、冬には温かさ（ひざ掛けや簡易カイロなど）をご用意する
味覚：季節の珍しいお茶をご用意する

　私の場合、全国の物産展へ定期的にお茶菓子を買いに出かけたり、夏に避暑地に旅行に行けば、その旅行写真をアルバムにして涼をお届けすることもありました。

　そんな小さなことですが、日頃季節を感じることのないお客様はとても喜んでくださり、「こんなサロンはじめてだわ～。髪をやりに来るだけじゃなくて、恵ちゃんに会いに来るのがとても楽しみ」と言っていただけることが多くなりました。

　これが小さな繁盛サロンになった秘訣のひとつだと思っています。

五感すべてに楽しさ・心地よさを届ける

ひとりサロンだからこそ提供できる理由

- 1対1だからできる
- 他のお客様がいないからできる
- 専属技術者だからできる
- 信頼関係があるからこそできる
- すべてのお客様がサロンにとって上得意様だからできる

7 地域密着や社会貢献も大切。ボランティア活動啓発

これまで、理美容商材卸会社（ディーラー）様よりご依頼があり、セミナー講師として全国の理美容サロンオーナー様に繁盛サロンのつくり方を指南してきました。

セミナーでは課題を出し、小さなサロンオーナー様がどんなことに悩み、どんなお考えを持っていらっしゃるのか、研究を重ねています。

そうした中で気になるのが、「サービス」についての考え方です。「サービス」と聞いてはじめに思い浮べるのは、皆さん「値引き」ですが、値引きだけがサービスではありません。いろんな情報を発信することもサービスであり、それが失客の最大理由である「マンネリ化」を防止することにつながります。

○サロンだからできる社会貢献もサービス

恥ずかしながら、私は持病の悪化により２０１２年8月にサロンで倒れ、そのまま休業して現在に至ります。

現役の頃から、私の仕事で何か社会にお役に立てることはないかと散髪ボランティア活動に力を入れていましたが、ボランティアの現場もサロン業界と同じく人手不足で、思うように仲間ができなかったのが悩みでした。そこで美容師さんではなく、一般のお客様にご協力をお願いしてみたのです。この効果はとても高く、チラシを見た一般の方の仲間が増えました。

病気の悪化によってハサミを持てなくなったため、現在はヘアドネーションの賛同サロンを募る啓発活動をお手伝いしています。ヘアドネーションとは「髪の寄付」で、小児がんや先天性無毛症など髪を失ってしまった子供たちのために人毛１００％のかつらを作成することを目的に、一般のお客様から31センチ以上の髪を集め寄付するものです。地域の皆さまにもご協力いただけ、結果的にサロンの認知にもつながります。

詳しくはヘアドネーションJapan Hair Donation & Charity（ＪＨＤＡ：ジャーダック）http://www.jhdac.org/

ボランティア募集のチラシ

こんにちはKです＼(^o^)／ 夏休みになり子供達の元気な声が聞こえてきそうですが…
毎日　とろけそうなくらい(^_^;)暑いですね…

この北崎地区限定の”K通信”も、成田新聞店さんに入れて頂き、早いもので4年が経ちました
色々な情報を発信しています！！先回も散髪ボランティア募集を見て、お手伝いして下さる方が
見つかりました＼(^o^)／　嬉しいばかりです<(_ _)>　まだまだ！大募集していますので、
ご興味ある方は、お気軽にお問い合わせください。
地域の皆様の中で活動仲間を募集していらっしゃる方があれば掲載いたします！
もちろん無料です♪お気軽にお問い合わせ下さい<(_ _)>

K
2013/8/1

散髪ボランティア・お手伝いして下さる方を募集しています！

一緒に！！散髪ボランティアをしませんか?

☆理美容師の免許をお持ちの方♪
（ブランクがあっても大丈夫です♪志さえあれば基礎から丁寧に指導致します）

☆散髪ボランティアのお手伝いをして下さる方♪
（散髪している間にお話ししたり、散髪後の髪を片づけたり、子供達が安心出来る散髪環境作りをお手伝いして下さる方です）

★場所　　児童養護施設 ・ 福祉型障がい児入所施設（発達障がいのある児童養護施設）

私は、今まで一人で様々な施設で散髪ボランティアを続けてきました。

現在は現場に立つ事も困難になり、散髪ボランティア団体の指導者として活動し始めました。


現在の訪問先は事情があって家族と暮らせない子供達（発達障がいを持つ子供達）

小さな子から18歳までの施設です。

散髪ボランティアを続けている意味は、お店を再現して楽しい時間を過ごしながら
技術を提供する事です。

決して切るだけの生産カットや練習カットをする事ではありません。

事情がある子供達はあまり外部の人　と接する時間がありません。

守秘義務があるので様子を語る事が出来ませんが、純粋な子供達ばかりです　…

私の夢は、沢山の子供達の中で一人でも…おばちゃんの様な”美容師さんになりたい!”…

”おみせやさんがやりたいな！”…と思い
少しでも　将来の自立のお手伝いが出来たらいいなと思います。

こんな気持ちに共感して頂ける方があれば！ご興味があれば！

是非に宜しくお願い致します。<(_ _)>

年を重ねるにつれ…お客様は 髪の変化に
不安になる事がありませんか
Kは髪の悩み事を何でも相談できる とても小さな美容室です

貴方だけの隠れ家へ…

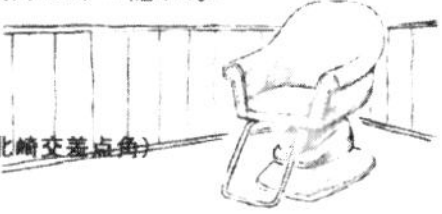

何でも ご相談下さい (0562)－444－555

大府市北崎町皆瀬95（県道57号　北崎交差点角）
k0562444555.web.fc2.com

※只今、治療専念の為サロンワーク業務は
お休みしております。ゴメンナサイ<(_ _)>

8 選ぶ楽しみを増やし、印象づける

今までいろんなサービスをお伝えしてきましたが、そもそもサービスの目的は、値上げをしてお客様にご負担いただく分を、サービス価値で補うことです。

どんなサービスを提供していくかを考える際の基準となるのが、印象に残るか？ その結果、お客様とサロンとの信頼関係の構築につながるか？ という点です。

印象づけるためには

印象に残るかどうかという点では、与えられたものではなく、自分で選択したものをもらうほうが、倍の効力があると言われています。

たとえば店販商品をプレゼントする場合、お店が指定した商品をお渡しするのと、お客様が3つの中から自分の好きなものを選ぶのでは、自分で納得して選んだほうが、印象づけられ記憶されます。

私のひとりサロン新店出店のコンサルティングでは、新規客には3つの中からお好きな店販商品を選んでいただく形を推奨しています。たとえば「シャンプー、トリートメント、洗い流さないトリートメントの中から好きなものをお持ちください！」と言うと、お客様が一番よく選ぶのはシャンプーです。これはどのサロンでやっても同じ結果になります。

注目したいのは、その後です。次のご来店時には、前回選んだ商品の対のトリートメントをお買い上げになるお客様がとても多いのです。自分で選んで納得して使い、選ばなかった残り2つの商品のことをよく覚えているからです。

新店で店販商品を強くお勧めするサロンはありません。なぜなら、せっかく来ていただいた新規のお客様に店販商品をお勧めしたことで、リピートにつながらないと困るからです。

でも、はじめてのサロンであっても、好きなものを選ぶことができれば、買わされ感ではなく、〝楽しむ〟行為に変わり、信頼関係づくりにつながります。

自分で選んだものなら記憶に残る

サービスの目的

- ☐ 印象づけて憶えていただくこと
- ☐ 次につなげるために記憶してもらうこと

値上げで
全ツールを
新しく
変えることが
繁盛への道

4章

1 サロンの売上を決める4つの数字

2章と3章では価格改正をし、お客様のご負担分をサービス価値で補う方法をお伝えしてきました。4章では、値上げしても失客しないために、新しいツール（仕組み）を導入することをお伝えしていきます。

経営には戦略・戦術が必要ですが、わからないと言われるサロンオーナー様は少なくありません。

まずは「商売の基本」から考えてみましょう。

売上の構成要素

売上とは、次の計算で成り立つものです。

客数（既存客・新規客）×客単価×来店回数

ですから、サロンの売上を上げるには

- 既存客の固定化（失客防止）
- 新規集客
- 客単価上げ
- 来店頻度上げ

のいずれかを実行しなければなりません。

ひとりサロンだからこそツール（仕組み）が必要

ひとりサロンの場合、資金力も時間も限られているので、結果を出すには武器（道具）を使うことも大切です。ツール（仕組み）を導入しましょう。

再スタートし、ひとり繁盛サロンになった当時の私には、やりたいことはたくさんあっても、時間が足りませんでした。そんな中で、ツール（仕組み）は〝もう一人の頼りになる従業員〟と呼べるほど活躍してくれました。

実際に、再スタートした先輩たちは、最初は「こんなにたくさんつくるんですか？」と驚く方もありますが、1章でもお伝えしたように、お客様に値上げ負担分を技術以外のサービス価値で補う中に、ツールを導入することも含まれているから成功するのです。

ツールを完成させた先輩たちは「もっと早く導入して、お客様に喜んでもらえばよかった」という声をいただいています。

客数、客単価、来店回数それぞれを上げる

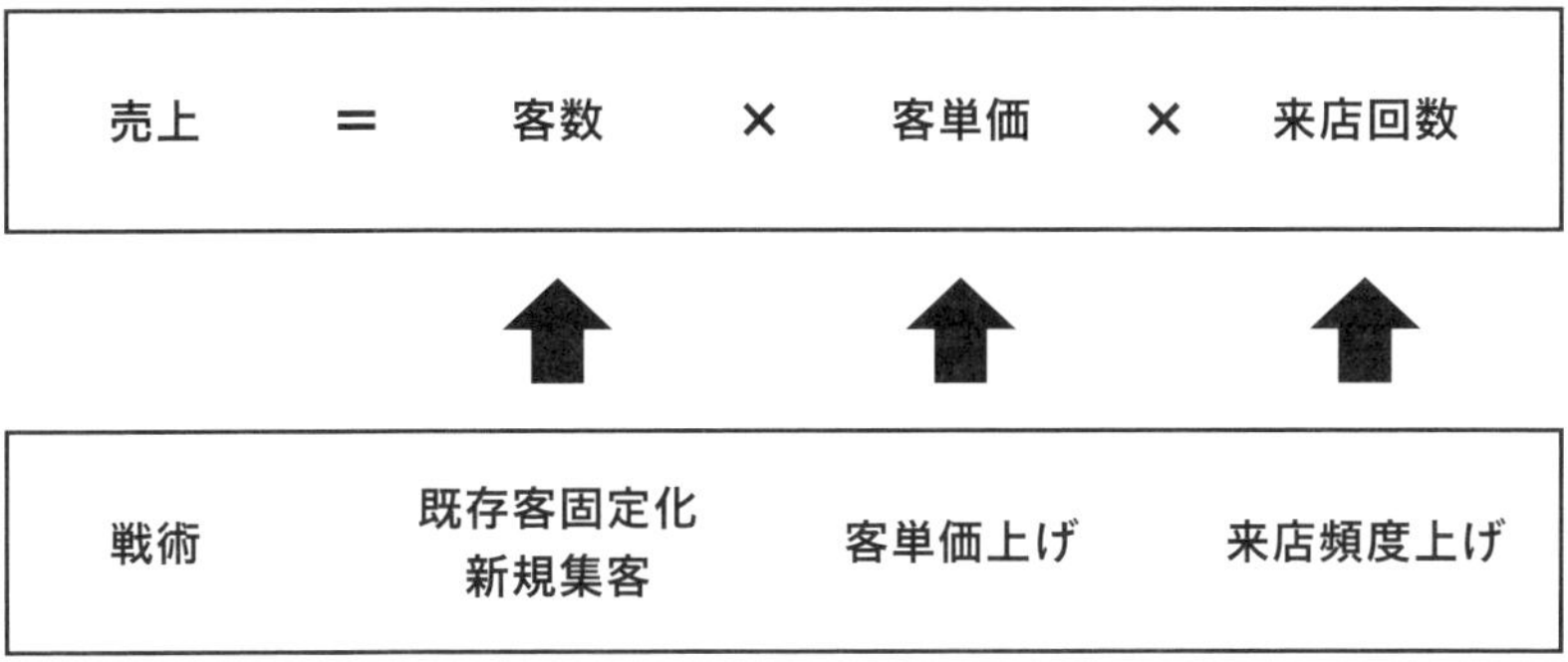

「値上げによるお客様の負担＜提供する価値」にする

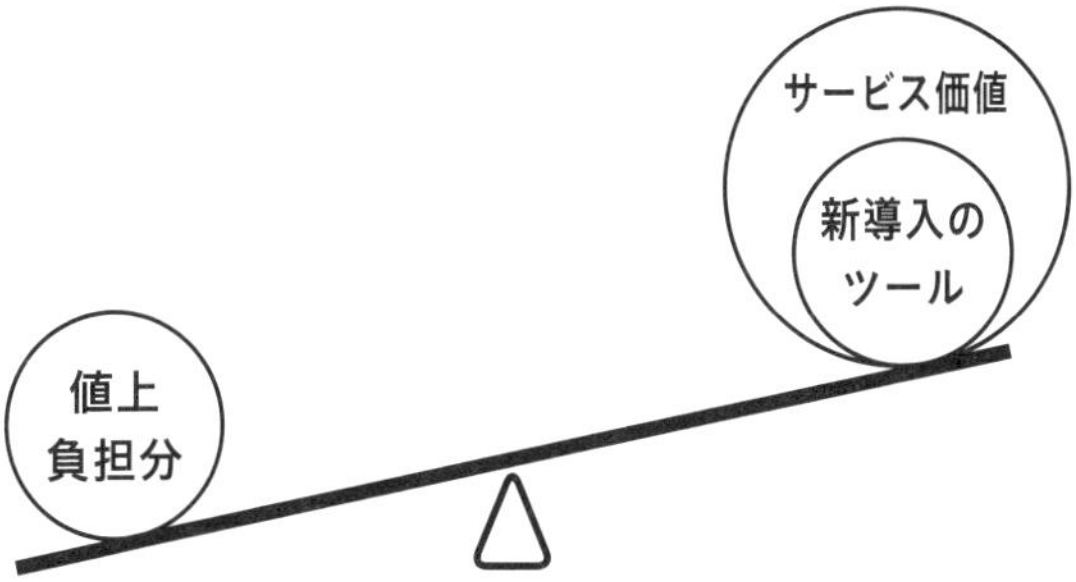

2

再来率をアップする「カウンセリングシート」

既存客の固定化

カウンセリングシートとは、新規のお客様に「どんなことをサロンに望んでいるのか？」などを聞くためのものです。はじめて行く病院では当たり前に症状を聞かれます。サロンは医療行為ではありませんが、お客様の身体の一部を触らせていただく仕事には変わりありません。安心していただくツールは必要です。

技術者としてだけでなく、商売として個人情報（名前・住所など）をいただくための目的と一緒にカウンセリングシートを活用しようと思うなら、最初にお客様に「安心」を与えることです。お客様ははじめてのサロンで、少し不安を感じているはずです。第一印象で「安心」してもらうことは、これからの再来を大きく左右します。

●カウンセリングシートに記載すべき項目は7つ

①個人情報の保護について（サロン名も忘れずに）

②どのように過ごしたいのか。新規のお客様は、はじめて行くサロンのドアを開けるときは緊張しているものです。この緊張をやわらげ、コミュニケーションを円滑に進めるための設問です

③スタイルのカウンセリングをしている間に迷われる方は多いですね。最初に書いていただくと、整理しやすくなります

④自分が仕事がしやすいように設問をつくります。設問は記入式ではなく、選択例を書いて誘導します

⑤アレルギーなどの有無。これは必須です

⑥来店動機。新規集客に役立てることができます

⑦サロンからのご案内の可否

「安心」していただくために、まず自分の名前を名乗り、お客様に記入をお願いしてください。「本日担当させていただくスタイリストの迫田恵子です。よろしくお願いします。本日はじめてのご来店ということで、アレルギーなどの状況を把握するために、簡単で結構ですのでこちらにご記入お願いします」などのちょっとしたお声掛けも、小さなサロンだからできるおもてなしです。

カウンセリングシート

①当サロンでは、お客様からご提供いただいた個人情報を施術・サービスなどの目的に特定して利用させていただきます。それ以外にお客様の同意なく、第三者に情報を開示することはありません。　サロン名　代表

フリガナ　　　　お誕生日　S　H　　年　　月　　日
お名前　　　　ご職業　選択制にしてもよい

ご住所　〒

電話番号
メールアドレス

ご来店いただきありがとうございます。

②今日はどのように過ごしたいですか？
●楽しくおしゃべりしたい　●ゆっくり本を読みたい　●髪について相談したい
●静かな時間を過ごしたい

③本日のスタイルは？
●現状維持　●イメージチェンジしたい　●悩みについて相談したい
●その他（　　　　　　　　　　　　）

④質問例
●お悩み
●日常のヘアケア
●サロン周期
●お手入れ方法
●所要時間の希望など

仕事がしやすいように誘導する（選択してもらい、詳しくはコミュニケーションをとる中で解決していく）

⑤アレルギーやお肌のトラブルはございますか?
●はい（　　　　　　　　　　　　）
●いいえ

⑥本日の来店動機
●紹介（　　　　　　様より）　●チラシ　●HP　●ブログ
●通りがかり　●その他（　　　　　　　　）

⑦季節のお便りやお得情報をDMやメールなどでお伝えしてもよろしいですか？
●はい　　　　●いいえ

3 スケジュールがない日をつくらない！危機管理できる「予約表」

既存客の固定化

予約表と予定表は同じ

ご相談に見えるひとりサロンのオーナー様に「明日の予約状況は？」とお聞きすると、「予約表は電話のそばに置いてあるので、サロンに戻らないとわからない」という方がほとんどです。

会社員の人はどうでしょうか？　自分のスケジュール帳を常に持ち歩いています。また、私のサロンの隣にある大きな工場では、毎日始業を知らせるチャイムが鳴るなど、1日のスケジュールが決まっています。

大切なのは予定表を「持ち歩くこと」ではなく、「スケジュールを把握できていること」です。

私たちの1日の予定はお客様の予約状況によって変化します。もちろん予約が入らない時間はお客様を待つことになりますが、待つ時間こそ、大切にしなければなりません。漫然と過ごすのではなく、この時間こそ予定を立てて行動すべきです。1章でもお伝えしたように、ひとりサロンの繁盛の定義は「稼働時間がいっぱいになる」ことです。

ひとりサロンの現場稼働率（技術を提供している時間の比率）は50％以下が平均です。会社員で雇用時間の50％しか稼働していない人はいないことを考えると、自分がもっと危機管理をしなければならない理由が見えてきませんか？

「予約がないから、仕事したくてもできない」のではなく、予約表いっぱいをめざして客数を増やしたり、1人のお客様の施術時間を長くし、ひとつでも多くの技術を買っていただくことを考えるのです。

分析できる予約表

予約表は、1週間単位で作成するのがお勧めです。1週間単位で1枚の紙にまとめておくと、4週間分並べることによって、どのお客様が何曜日の何時に来店する傾向にあるのか、分析しやすくなります。お客様の固定化を確認し、来店頻度を比較するのにも大きく役立ちます。

お客様の予約状況に合わせて自分の予定を組む

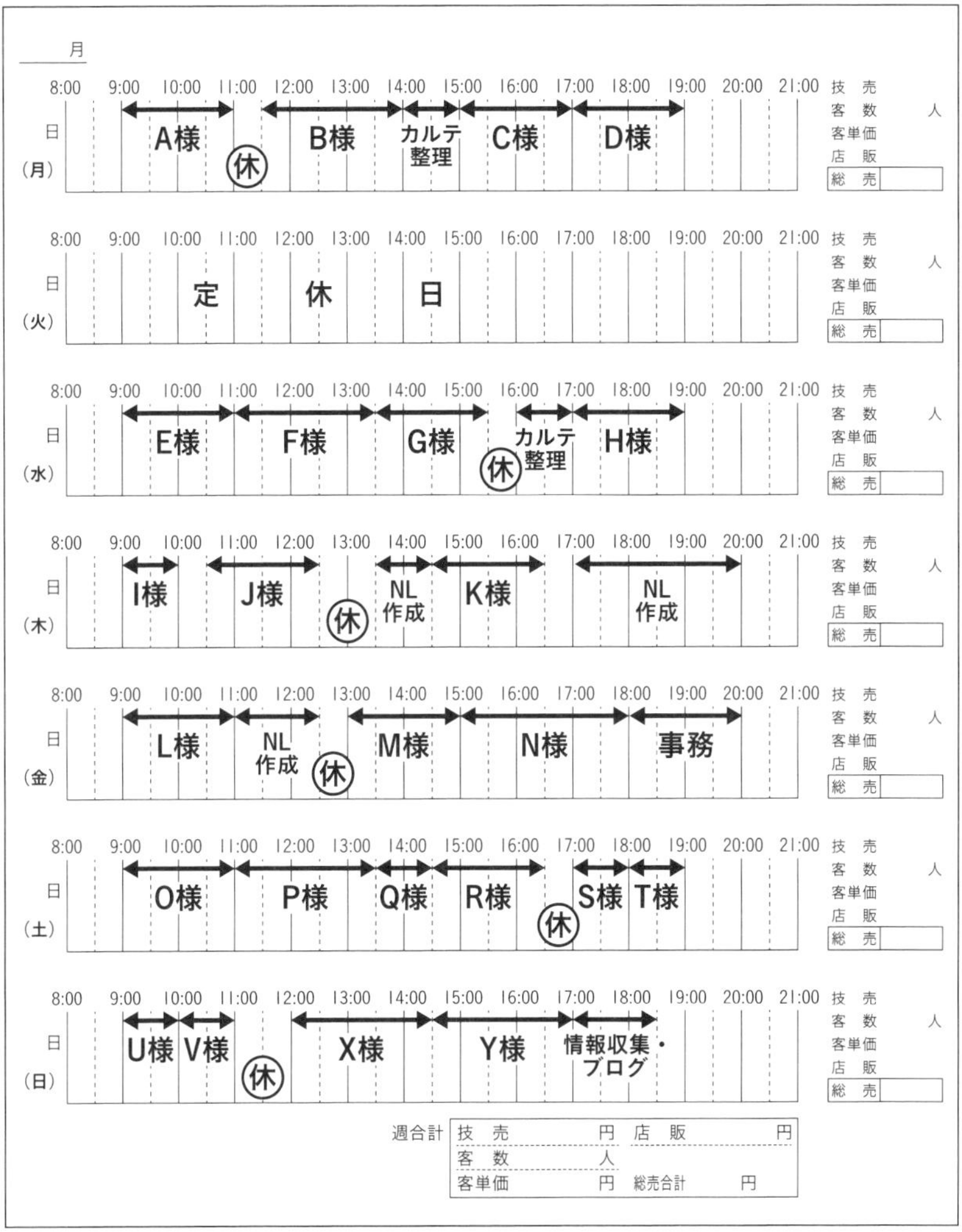

1ヶ月を通してお客様の動向を知ろう！
昨年比も簡単に見える化することができる！
予約状況だけではなく、
自分の予定を組む表をつくろう！

4

生涯客づくりのための「ポイントカード」

既存客の固定化

なぜポイントカードの還元分に悩むのか

ポイントカード（スタンプカード）は、多くのサロンが使っているツールです。お支払い金額に応じてスタンプを1個差し上げ、達成時には使った金額の○パーセントを還元するといったもので、既製品を使用しているサロンがほとんどです。お悩み相談で多いのが、「ポイントカードの還元分が月の売上を圧迫しているので、どうにかしたい」というものです。

レジのお金だけを計算すると、還元分の負担は大きなものです。ではそのポイント還元が「次へつながる戦略ツール」になったらどうでしょうか？

売上高ではなく来店頻度に応じてポイントを付与

サロンにとって一番大切なお客様とは、生涯客です。私は現役時代に、お客様に「先生が私より年下でよかったわ～」とよく言われました。美容師が自分より若ければ、自分が死ぬまで担当してもらえるという、何よりも美容師冥利に尽きるお言葉でした。

では、生涯客づくりに欠かせないことは何でしょう？それは、「より強い信頼関係づくり」です。信頼関係をつくるには「接触頻度×人柄」が左右します。何回会って、どれだけ自分を知っていただくかが大事なのです。つまり、1回のお支払い額が多いけれど来店回数の少ない方よりも、高額でなくても来店頻度が多い方のほうが、より信頼関係を築きやすいということになります。そうであれば、ポイントカードも「来店頻度が多くなる」ような使い方にしていきましょう。

次につながる達成時のプレゼントとは

達成時のプレゼントは、割引券のようにその場で還元して終わるものではなく、**次につながるもの**が最適です。次につながるというのは、ポイント達成時にしか体験することができない特別限定メニューや、店販商品をお試しで使用していただいて次回の購入につなげるということです。また、来店頻度を高めるために有効期限をつけることも大切です。

お支払い金額でポイントを集めるカード

1 1000円で1ポイント	2	3	4	5
6	7	8	9	10
11	12	13	14	15
16	17	18	19	20 達成時には2000円値引

1000円で1ポイント。
20ポイント達成で2000円分の値引を差し上げます

生涯客づくりのためのポイントカード

1 ご来店につき1ポイント	2	3	4	5
6	7	8	9	10
11	12	13	14	15
16	17	18	19	20 シャンプープレゼント

1回のご来店で1ポイント。
20ポイント達成で"次につながるモノ"を差し上げます

割引ではなく
次に
つながること

5 記録ではなく記憶する「つなぐカルテ」

既存客の固定化

差別化することを考える

前項のポイントカードでもお伝えしたように、私はツールを考える際には「必ず次につながること」を意識しています。どうしてかと言うと、私は若い頃から身体が弱く持病を持っています。この持病は、突然、入院を余儀なくされ、よくなるまで点滴治療を続けます。ゆえに一度入院すると、いつ退院できて、いつサロンを再開できるか、お医者様にも私にもわからないのです。いつも私は病院のベッドで泣いていました。いつかサロンはつぶれてしまう……。髪は1ヶ月に1cm伸びるもので、全国に理美容サロンは信号機の数より多くあるのだから、他のサロンに乗り換えられてしまう……と。

その時からいつも考えていました。この持病を持ちながらサロン経営を続けるには、『K』でなければならない」と思ってくださるお客様をつくるしかない！　と。そこで生まれたのが、「つなぐカルテ」でした。

一緒に歴史を刻む「つなぐカルテ」

「つなぐカルテ」は施術記録だけではなく、接客内容や会話を記憶するものです。つなぐというのは、前回の技術・接客内容を必ずお客様と一緒に振り返り、次のご来店時につなぐものです。そして1年の最後には、年末お礼状として、その年のカルテの内容を年表にしてお渡ししていました。

この地道な努力で次第にお客様から言われることがありました。それは「こんな自分史年表をプレゼントしてくれるサロンなんてどこにもないね！　毎年楽しみにしているよ！」と。その甲斐あって、入院のためにサロンを休んでも、私のサロンはつぶれることなく繁盛サロンになったのです。

ひとりサロンなら、大型店のように電子カルテで処理するのではなく、自分の手で書き留めるほうが、よほど早く記録できますし、自分のサロンを印象づけることもできます。

「つなぐカルテ」の記入例

技術内容／接客内容	技術内容／接客内容
1/8 カット／お孫さんが12月に生まれた 名前あやちゃん かわいくて仕方ない	7/1 カット／あやちゃん風疹で心配でしたが もう大丈夫ですか？
2/	8/1 カット・カラー／家族旅行に 山梨に行く
3/2 カット／あやちゃん、もうそろそろ首も座ってますますかわいくなってきましたね！	9/
4/10 カット・カラー／ご自身が 人間ドッグに行った	10/1 カット・カラー／家族旅行がすごく楽しかったので年末も行くことになった 楽しみ
5/1 カット／結果がよかった 1月1日健康が一番だと実感 あやちゃんのためにも	11/1 カット／あやちゃんに夢中の1年
6/2 カット／あやちゃんが風疹 心配	12/1 カット・カラー／年末家族旅行に 行く前にサロンへ

前回お話ししたことを振り返り、今回は疑問形で聞く（首が座りましたか？）のではなく断定系でつなぐ（首も座ってますますかわいくなってきましたね！）
※断定系でつなぐことで「前回お話ししたことを覚えていますよ！」と伝えられる

“お客様だけの1年の年表”になる年末お礼状をプレゼント

6 既存客の固定化

行政をお手本にする「シニアパスポート」

○失客の可能性が高いのは高齢者

価格改正で最も気がかりなのは、高齢の年金生活のお客様のご負担です。ベテランサロンになるほど高齢の常連のお客様が多く、値上げが悪にさえ思えてくるものです。こうしたお客様のために、「シニアパスポート」というサービスを導入しました。パスポートをご持参いただくと、一定額を値引きするサービスです。

私は値引きを悪だとは思いませんが、値引きだけがサービスだとも思いません。値引きとサービスの違いは、値引きが「ある一定期間、該当者に対して」提供するものであるのに対して、サービスは「ある一定期間」という条件さえあれば、該当者（条件を満たす人）を定めないもの、該当者を定めるのであれば、一定期間ではなく「常」でなければならないという点です。

常連客を優遇するという戦略もありますが、それは総客数が多い場合に有効です。すでにお伝えしたように、ひとりサロンでは、お客様とは「個人」と「個人」のおつき合いになるので、売上額で判断せず、いつも受けられる平等なサービスを導入しなくてはなりません。「シニアパスポート」のように該当者を定めるのであれば、一定期間ではなく「常」でなければならないのです。

○「長年通えば受けられる」が生涯客づくりに

平等なサービスという点では、行政サービスはいいお手本になります。自分の街で、高齢者向けにどんなサービスがあるのかを調べたら、市が運営している循環バスがありました。私の街では、一般市民は１００円で、高齢者は無料です。これをヒントにしたのが「シニアパスポート」です。

シニアパスポートに終了期限はありません。忘れてしまったら特典は受けられません。年に一度の更新もします。もちろん誰でも平等に年は重ねます。今該当しなくても、いつかは自分も該当者になるという安心感も生まれます。不公平感がないサービスで、どのサロンでも、生涯客づくりに役立てていただいています。

シニアパスポートの見本

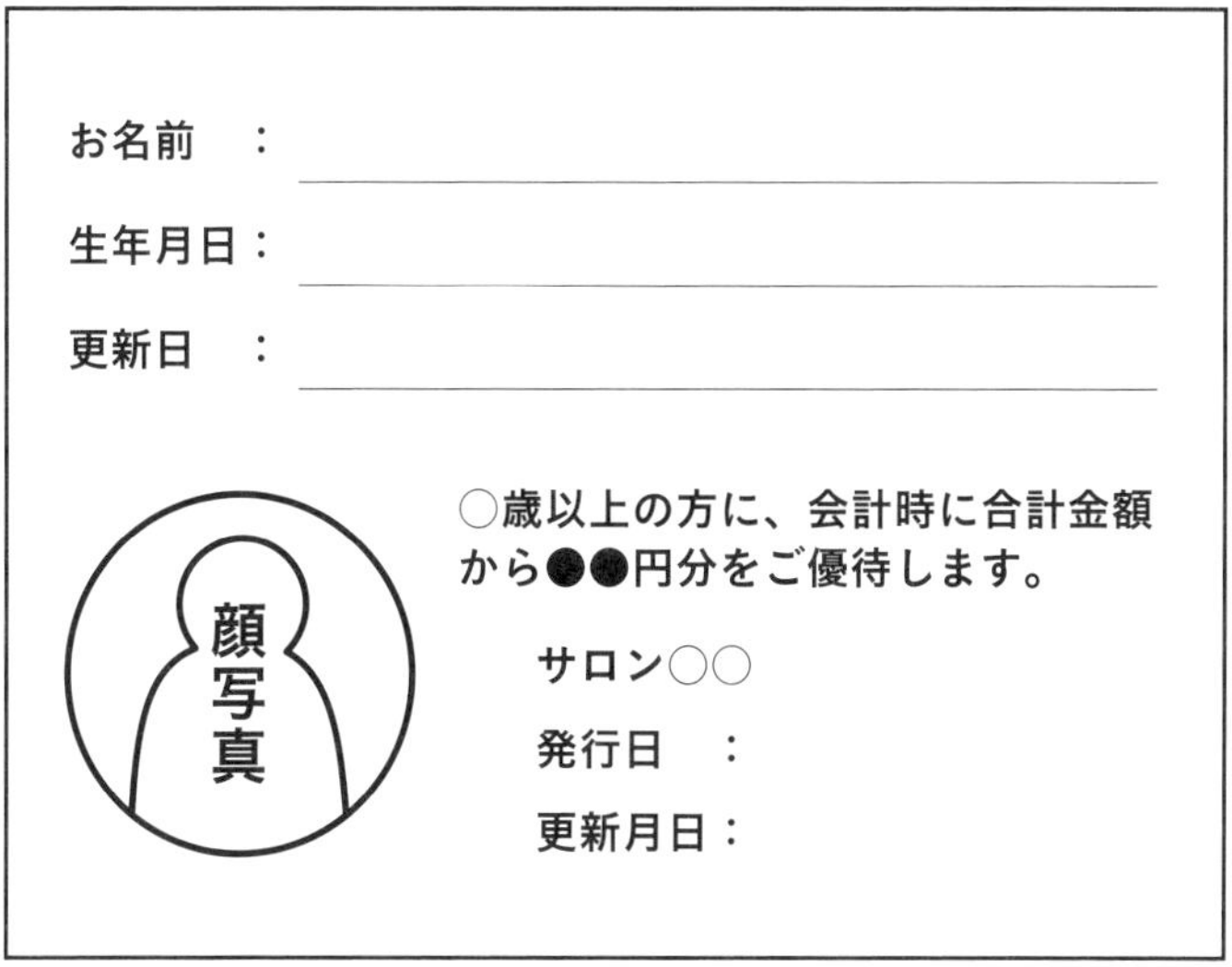

パスポートのように顔写真・生年月日などを入れて
貴重なものだとアピールする

一般　　シニアメンバーズカード

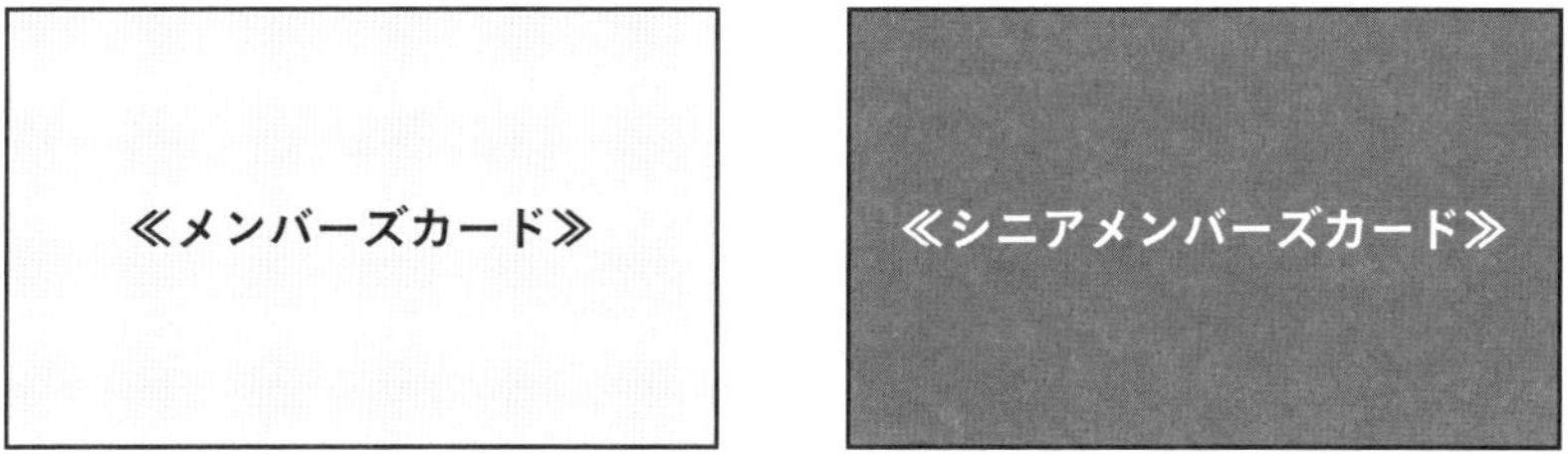

スタンプカードとシニアパスポートを併用して発行する場合、
違いがすぐ解るように表面の色など変える

7 生涯客にする「お誕生日カード」

既存客の固定化

お誕生日カードで問題になるのが、長期的に継続できるかどうか、です。なぜ継続するのが難しいのかと言えば、ひとりサロンではひとりですべてやらなければならず、忙しいからです。

継続してやるコツは簡単です。誕生日は毎年必ずやってくるので、お誕生日早見表を作成し、あらかじめ1年分の発送準備さえしておけば、継続が容易になります（53ページ参照）。

どんなカードが喜んでいただけるか

たとえば、2015年はこのカード、2016年はこのカードなど、カードを毎年連ねると1枚のポスターになるという仕掛けで、お客様に楽しんでいただくカードを作成しているサロンもあります。お誕生日カードで生涯客になっていただくには、お客様に「私と一緒にお誕生日をお祝いさせてください！　一緒に時を刻んでいきましょう」というメッセージをカードに託すことです。もちろんこの方法は、サロン誕生祭でも活用できますよ。

お誕生日カードを贈る意味

お誕生日カードとは、4つの基本の中の「客単価上げ」でも「来店サイクル上げ」でもなく、「既存客を固定化」するためのサービスです。この点を取り違えて、失客を招いているサロンが少なくないように感じます。

私は年間50軒以上のサロンへリサーチのためにお客として行っています。その後、誕生日カードが届くサロンは、個人店の場合は1割ほどしかありません。大型店では、5月生まれの私のところに4月に届くケースが多く、なかには3月に届くことすらあります。「2ヶ月も早くお祝い⁉」と違和感をおぼえるのは、再来催促が透けて見えるからでしょう。

3章でもお話ししたように、「施術をした方にオプション施術差し上げます」など、料金を払わなければ使用できない特典は、サービスではなく客単価上げのためです。やる意味を間違えてしまうと、お客様に不快な思いをさせてしまいます。

連ねることでポスターになる「お誕生日カード」

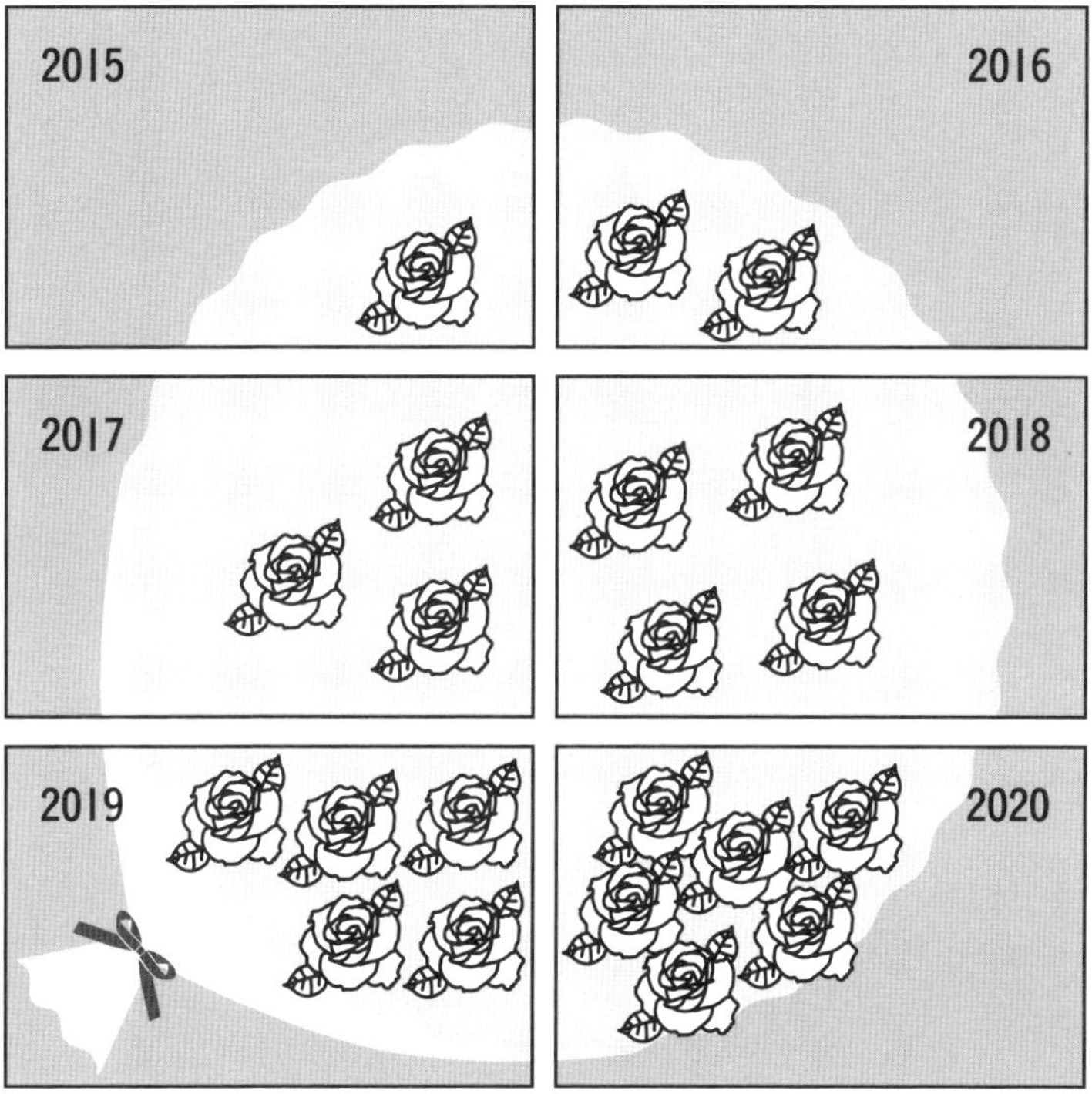

毎年、お客様のお誕生日に1個ずつバラのお花を増やしていく。
6年間一緒にお祝いを続けると、1枚のポスターになる。
カードは毎年変える。

8 口コミこそ真のご優待「ご紹介特典」

既存客の固定化

早く確実に、お金をかけずにできるのが「口コミ」

値引きは悪ではありませんが、できればレジに入るお金は増やしたい。そんな欲ばりものの私がたったひとつ、「これだけはやってください！」と提案しているのは、「ご紹介特典」です。ご紹介特典とは、既存のお客様がお友達をご紹介してくださった時、双方に特典がつくもので、私は1000円の値引きをお勧めしています。

「施術料金から○パーセント引き」という割引を実施するサロンも少なくありませんが、双方の値引き額を同額にするのが重要です。なぜ、割引ではなく1000円という値引きにこだわるのかというと、紹介する方・される方お2人の関係性がわからないからです。割引だと施術料に応じて引かれる額に差がでますが、どちらも同額を引くサービスであれば、不満は出ません。

やり方次第でご紹介はどんどん増える

A様という既存のお客様が、B様という新規客をご紹介くださったとしましょう。B様にはもちろん、その日の会計からご優待券分の1000円を値引きします。A様に対しては、A様の次のご来店時に1000円の値引きをするのが一般的ですが、その日のうちにお礼状と一緒にご優待券を郵送してみる。すると、A様の反応はどうでしょう？「わざわざ送ってくれたんだ〜。こんなことまでしてくれるなんて」と思われるでしょう。いつも来店くださる常連さんなら、なおさらです。「律儀だな〜」と思っていただくこと、これぞひとりサロンだからこそできるサービスです。

常連のお客様がご紹介をしてくださるのは、1000円の値引きが欲しいからではありません。あなたのことが好きだからです。そうは言っても、親しき仲にも礼儀あり。礼儀を忘れないことで信頼関係を構築し、集客費用をかけずとも、早く確実にサロンの魅力が伝わる方法＝口コミ紹介で新規を増やしていくのが理想です。不特定多数の人に集客費用をかける前に、紹介を依頼するシステムを構築しましょう。

紹介してくれた方には特典を郵送する

ご紹介いただきありがとうございます。
1000円 ご優待券
サロン○○
ご予約は
TEL：03-0000-0000　Mail：info@xxxx.co.jp

一緒に添える手紙の例文

○○さま
本日○○様のご紹介で◆◆様にご来店いただきました。
このたびはご紹介いただきありがとうございました。
ささやかですが、感謝の気持ちをご優待券にてお届けいたします。
(特典の内容明記)
次回ご来店時にご持参くださいませ

今後も○○様の大切な方を責任もって担当いたします。
◇◇ではお客様と一緒につくるサロンをめざしております。
これからもどうぞよろしくお願いいたします。

9

次のお手入れが必要な時期を示す「ご提案カード」

来店頻度上げ

来店頻度を上げるために、サロンが指定した日までにご来店いただいたら割引するサービスを、よく目にします。「30日までなら500円引き」といった方法で再来催促をしがちですが、次回来店のご提案が「値引きをしてあげますから、この日までに来てください！」というのは実におかしなことではないでしょうか？

技術で再来催促する方法

知識や経験の豊富な技術者であれば、自分が担当したお客様に、日が経つにつれてどのようなお困りごとが出てくるかがわかるはずです。自分の技術の保証期間を再来催促として売ることができないのは、「誘導するタイミング」と「値引きに代わる、少しだけ嬉しいサービス価値」がないからです。

再来を誘導するベストタイミングは、お客様が技術を納得した瞬間です。理美容サロンであれば、最後にバックミラーで全体のシルエットを見ていただくと、ほとんどのお客様は小さくうなずきます。その瞬間に、お客様に手で触っていただき、本日の施術の説明をして、5つの感覚（見た目・手触り・シャンプーやヘアケア剤の香り・技術内容説明・今後のお家でのお手入れアドバイス）で印象づけて納得していただきます。そこで「この日までに来ていただくと、スタイルをキープできます」と技術の完成度を売るのです。

特典は少しだけ嬉しいサービス価値で十分

提案日までにご来店があれば、特典としてポイントをつけます。今はどのコンビニへ行っても、ネットで買い物をしても、ポイントカードを求められる時代です。お客様アンケートでも、値引きよりもポイントを貯めることが楽しみだという声は少なくありません。ご提案カードで指定した日にちまでにご来店いただけるお客様が多くなるほど、こちらの技術の完成度を支持してくださるお客様が多いということです。それは生涯客づくりにもつながっていきます。

納得の上、来ていただく「ご提案カード」

○ 今日の日付　○ 次回のご提案日

1月

日	月	火	水	木	金	土
1	2	3	4	5	6	7
8	9	10	11	12	13	14
15	16	17	18	19	20	21
22	23	24	25	26	27	28
29	30	31				

2月

日	月	火	水	木	金	土
			1	2	3	4
5	6	7	8	9	10	11
12	13	14	15	16	17	18
19	20	21	22	23	24	25
26	27	28	29			

3月

日	月	火	水	木	金	土
			1	2	3	4
5	6	7	8	9	10	11
12	13	14	15	16	17	18
19	20	21	22	23	24	25
26	27	28	29			

お客様のお手入れの必要な時期は
月　日です
期日までにご来店いただくとポイントを差し上げます。
本日この場で次回予約をいただくと、さらに！　ポイントを差し上げます。

見た目で納得
シャンプーやヘアケア剤の香りに納得
手で触り、手触りで納得
技術者からの技術内容説明で納得
今後のお家でのお手入れアドバスを聞いて納得

10 次回予約をその場でいただく「次回予約カード」

来店頻度上げ

次回のお手入れが必要な時期を示す「ご提案カード」によってお客様にご来店いただけるようになったら、ご提案カード指定日よりも前に、その場で次回予約をもらえるように誘導してみましょう。

その場で次回予約をいただけると、レジに入る売上をあらかじめ勘定できることになるので、お店の経営にとって大きな意味をもちます。

◎ひとりサロンだからこそできる誘導方法

次回予約を誘導すると、お客様はだいたい「今は予定がわからないから、また連絡します」と答えるので、それ以上お誘いするのは難しいと思いがちですが、こんな風に言ってみましょう。

「すべてひとりで担当しているため、1日に対応できる人数が限られており、できれば専属美容師としてご希望のお日にちで担当させていただきたいので、キャンセルしても構いませんので、日にちだけ、仮に押さえさせてください」

こう言って具体的な次回予約日を挙げていきます。次回予約を押さえるのは、「今日と同じ曜日の同じ時間」がベストです。人は決まったパターンで行動することが多いので、ご来店日と同じ曜日・同じ時間は空いている確率が高いのです。

仮予約でも構いませんと告げている以上、キャンセルやご変更は覚悟しなければなりませんが、お客様は自分がキャンセルしてその枠に穴が開く重大さもご理解くださっているはずです。ひとりサロンだからこそ、お客様を育てなければなりません。

◎次回予約のご褒美はその日に差し上げる

誰でもご褒美はすぐに欲しいものです。その場で次回予約をしてくださったお客様へのご褒美は、次の来店時ではなく、その日に差し上げます。なお、ポイントの色や形を変えるなど、「どうしてこんなにポイントがたまったのか」をお客様が理解しやすい状態にすると、効果がさらに高まります。

「ご提案カード」に慣れたら「次回予約カード」に移行する

ご提案カード　○今日の日付　○次回のご提案日

1月

日	月	火	水	木	金	土
1	2	3	4	5	6	7
8	9	10	11	12	13	14
15	16	17	18	19	20	21
22	23	24	25	26	27	28
29	30	31				

2月

日	月	火	水	木	金	土
			1	2	3	4
5	6	7	8	9	10	11
12	13	14	15	16	17	18
19	20	21	22	23	24	25
26	27	28	29			

3月

日	月	火	水	木	金	土
			1	2	3	4
5	6	7	8	9	10	11
12	13	14	15	16	17	18
19	20	21	22	23	24	25
26	27	28	29			

お客様のお手入れの必要な時期は
月　日です
期日までにご来店いただくとポイントを差し上げます。
本日この場で次回予約をいただくと、さらに！　ポイントを
差し上げます。

今回と同じ曜日・同じ時間を提案して、その場で次回予約をいただく

次回予約カード

1月

日	月	火	水	木	金	土
1	2	3	4	5	6	7
8	9	10	11	12	13	14
15	16	17	18	19	20	21
22	23	24	25	26	27	28
29	30	31				

2月

日	月	火	水	木	金	土
			1	2	3	4
5	6	7	8	9	10	11
12	13	14	15	16	17	18
19	20	21	22	23	24	25
26	27	28	29			

3月

日	月	火	水	木	金	土
			1	2	3	4
5	6	7	8	9	10	11
12	13	14	15	16	17	18
19	20	21	22	23	24	25
26	27	28	29			

次回予約カード
お客様の次回のお約束は
月　日　(　)○○：○○～
【メニュー】
【所要時間　約】

お客様がご来店日を間違えてしまう事故が起こらないように、ご提案カードと次回予約カードはどちらか1枚を渡す。紙の色やカレンダーの位置を変えておく

11

その場で次回予約システムの成功事例

成功事例③

○以前の「その場で次回予約」は5人

「その場で次回予約システム」を導入したサロンの実績をご紹介します。

このサロンは2016年の11月に再スタートを実施し、その際にサービス価値や新システムを導入しました。キャリア25年以上のベテランサロンです。

2016年10月までは、その場で次回予約をしてくださるお客様は、総客のうち5人に過ぎませんでした。その場で次回予約システムを導入し、その結果を数字で比べると……。

2016年10月の「5人以下」というのは、ひとりサロンにとって一般的な数字です。ほとんどの小さなサロンでは、その場で次回予約を取るのは難しいと言われています。

- **2016年11月の「その場で次回予約」率**
  総客数135人中85人　約63％達成
- **2016年12月の「その場で次回予約」率**
  総客数168人中106人　約63％達成
- **2017年1月の「その場で次回予約」率**
  総客数113人中77人　約68％達成
- **2017年2月の「その場で次回予約」率**
  総客数139人中94人　約67％達成

ほんの数ヶ月前まで片手で足りるほどだった客数が、平均総客の60％越えです！

11月は、次回ご提案日が年末に掛かってしまうので「年末だから混み合うので」と言って次回予約を誘導することもできたでしょう。すると12月が下がるはずなのに、全然落ちません。忙しい繁忙期でもシステムで誘導し、11月と同じ63％達成です。

1月は閑散期なので、想定通り客数は落ちたものの、客単価を上げたことで売上はもちろん上がり、その場で次回予約率は68％を達成しました。

6割以上のお客様がその場で次回予約を入れてくださった例

■2016年11月のその場で次回予約率
総客数135人中85人
約63％達成

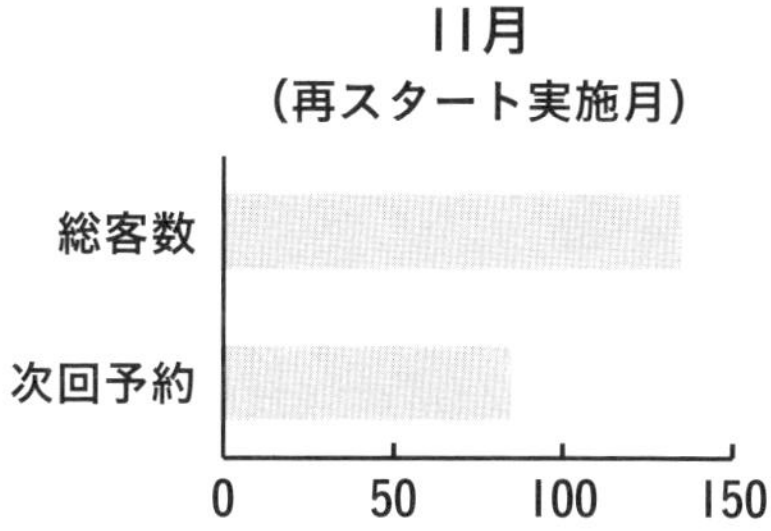

■2016年12月のその場で次回予約率
総客数168人中106人
約63％達成

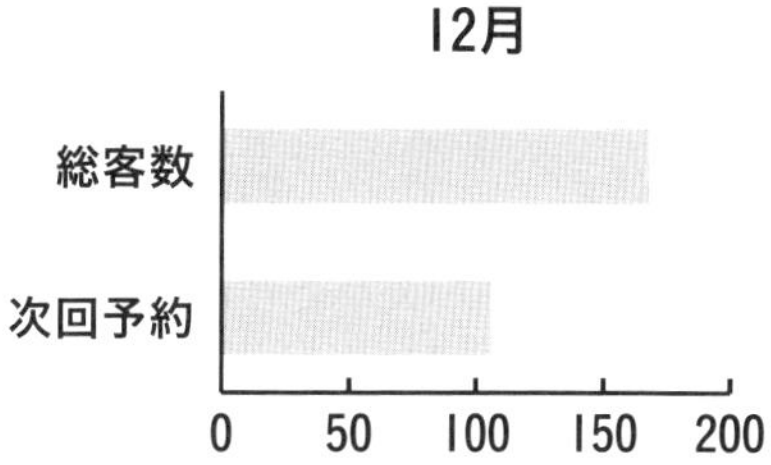

■2017年1月のその場で次回予約率
総客数113人中77人
約68％達成

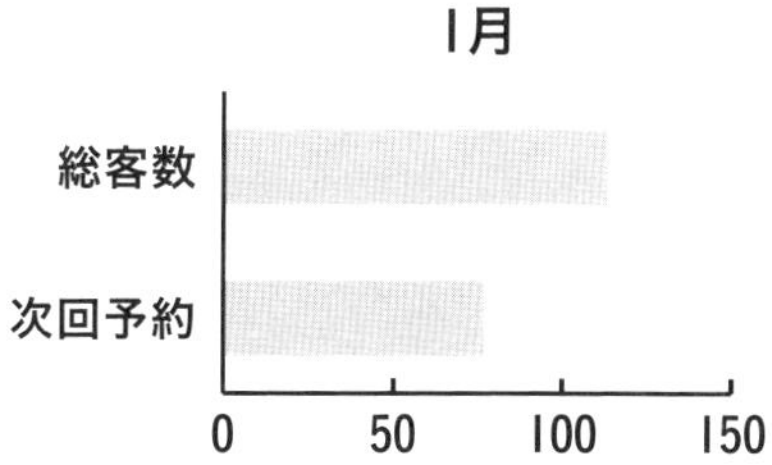

■2017年2月のその場で次回予約率
総客数139人中94人
約67％達成

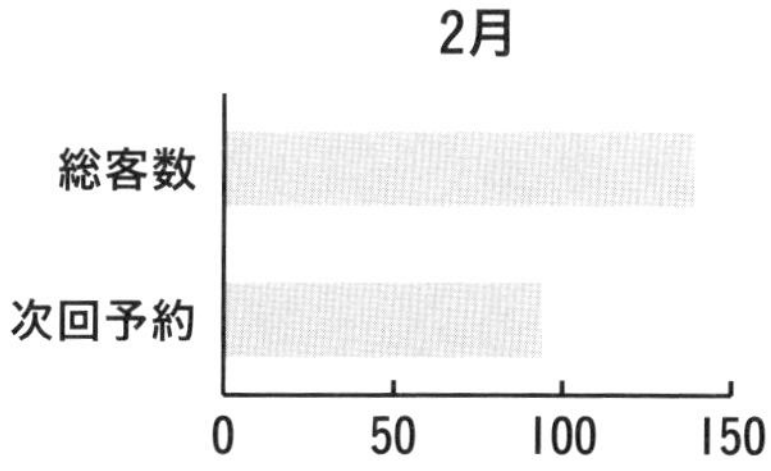

12 見える化「予約状況表」

来店頻度上げ

● カレンダーはひとりサロンのキラーツール

次回予約カードと一緒に作成して欲しいのは、「予約状況表」です。前項でもお伝えしましたが、ひとりサロンには、ひとりだからこその欠点があります。

- 完全予約制のため、1日にこなせる数が決まっている
- 誰か1人でも遅れてきたらすべてに遅れが生じる
- キャンセルがあるとその予約枠にポッカリ穴が開く
- 「○日に行きたい！」と言われても予約が取れないことが多い
- 稼働時間が埋まったら、後は断るしかない

こうした点をご理解いただけるように、お客様を育てていかなければなりません。

そのために、カレンダーを用意して予約状況を「見える化」しましょう。

● 掲示の仕方は簡単

予約状況表を置く場所は、ご提案カード、次回予約カードを説明する場所でなければ意味がありません。次回予約をいただく際に現在の予約状況がわかればご理解いただきやすく、予約が詰まっていれば、お客様に「早く予約を入れないといけない！」と危機感を持っていただくこともできます。

● 予約状況表の記入の仕方

空いているときは「○」、ひと枠でも予約が入ったら「◒」、完全に予約一杯であれば「●」と記入しておきます。これなら予約が入るたびに書き直すことなく、ペンで丸の中を塗り潰していけばいいだけです。よく、ひと枠でも予約が入ったら「◎」と記入するサロンを見かけますが、二重丸はお客様にとって予約しやすい状態と間違えてしまう恐れがあるので、事故が起こらないよう、「◐」「◑」「◒」「◓」など、半分塗り潰したり、午前と午後とを分けて、四分の一ずつ塗り潰します。

経過した日は、予約がいっぱいにならなかった日でも黒く塗りつぶしておくと、とても賑わっているサロンに見えるのでお勧めです。

予約状況表の記入例

5月のご予約状況

○＝予約できます！
◒＝お急ぎください！　残りわずかです
●＝申し訳ありません　ご予約いっぱいです

日	月	火	水	木	金	土
1 ●	2	3	4 ●	5 ●	6 ●	7 ●
8 ◒	9	10	11 ○	12 ◒	13 ○	14 ○
15 ○	16	17	18 ◒	19 ○	20 ○	21 ◒
22 ●	23	24	25 ◒	26 ●	27 ○	28 ●
29 ○	30	31	6月1日 ○	2 ○	3 ○	4 ◒

○○キャンペーン
はじまります！

※今日が5月7日の場合の見本

13 来店頻度上げ

来店頻度を整える「カルテ管理法」

カルテ整理はお客様管理

「カルテをどんなふうに整理していますか？」とお聞きすると、①あいうえお順、②会員番号順という答えが一般的です。①か②の順にカルテを並べているサロンでは、来店があったらカルテを出して、帰られたら同じ場所にしまいます。次にお客様が来る日まで、あらためてカルテを見返すことはほとんどありません。76ページ「記録ではなく記憶する『つなぐカルテ』」でもお伝えしましたが、カルテは記録するだけのものではなく、記憶しなければならないものです。

カルテの並び順を変えて記憶することによって、来店頻度の向上に成功したひとりサロンが数多くあるのでご紹介します。

基本は「先出し・先入れ」

まず、ご来店月の日付順にお客様のカルテを並べます。左側が1月ボックスで、左にいくほど日付が早くなり、右にいくにつれて未来月のボックスになります。

今日が10月1日だとします。前回、8月に来店された佐藤様がお見えになったら、8月のボックスから佐藤様のカルテを取り出し、10月のボックスの一番左に入れ替えます。こうしてカルテを常に「来店月」に移動させるようにすると、来店頻度の高いお客様のカルテは「先月・今月」のボックスに集中することになります。離れた月のボックスにカルテが残っているのが来店頻度の低いお客様だと一目瞭然、見える化できます。

未来も見える化する

もし、ご来店時に次回予約をいただけたら、そのカルテは未来ボックスに入れます。次回予約済みのお客様だとわかるように、クリアファイルの色を変えたり、次回予約専用のファイルを用意しておくと、未来の月の売上を予測できるのがメリットです。

なお、月別ボックスに入れるとカルテを探しにくくなるので、上部にインデックスシールを貼るのがお勧めです。

先出しカルテ管理のつくり方

※上からカルテ全体を見ることができる場合

①カルテは1人1人縦向きにクリアファイルに入れ、探しやすいように、あ行、か行、さ行……と左から横並びでインデックスを貼る。一番手前に五十音の目印があるとわかりやすい（図1参照）

図1

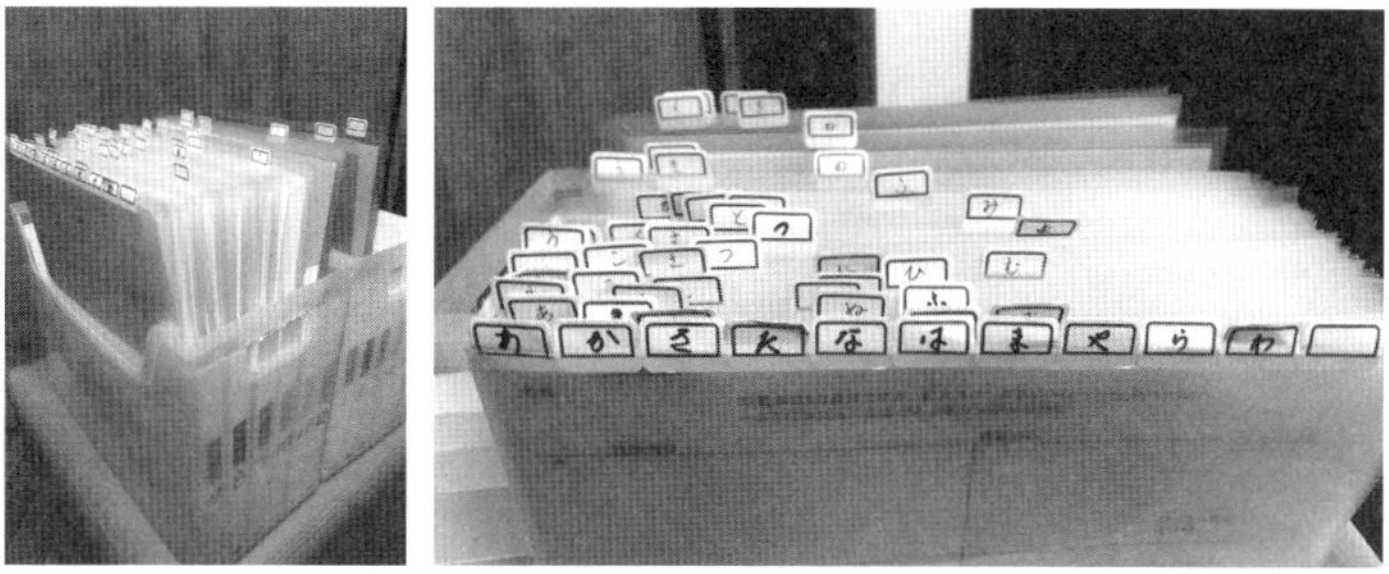

②①のファイルを来店月のBOXに時系列で順に並べる（図2参照）。10月を例にすると10月1日に来店した朝一番のお客様が一番前（左）、10月31日の最後のお客様が一番後ろに来る（右）

図2

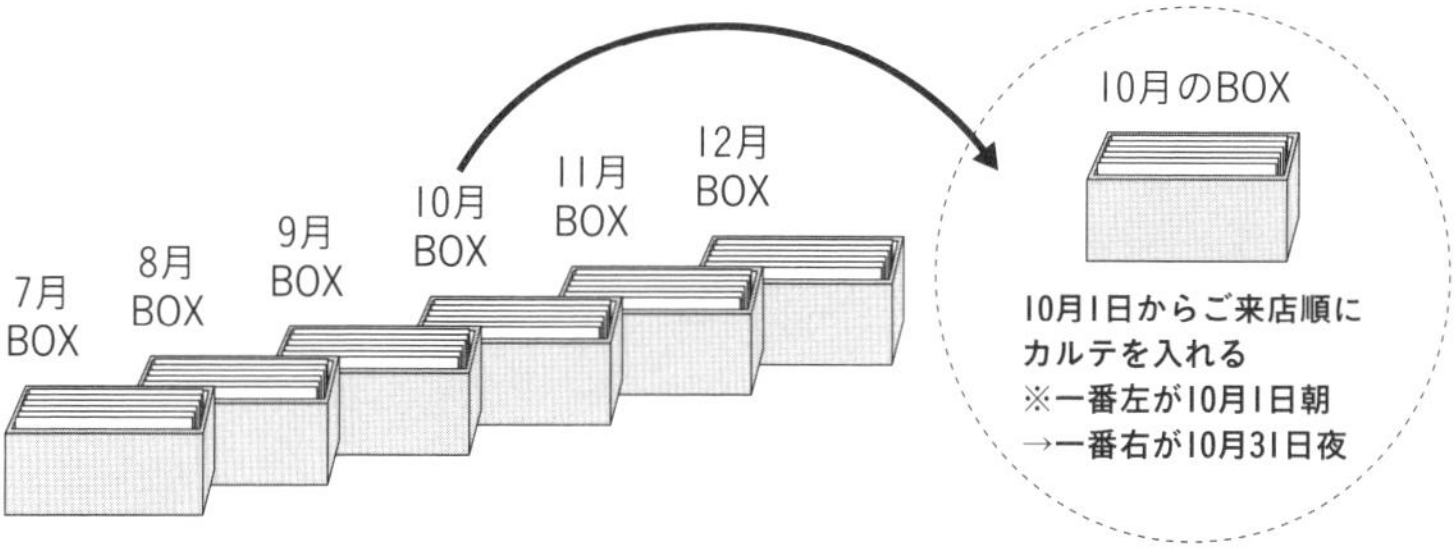

使用したカルテを元の場所にしまう管理法では、来店されない限りお客様のカルテを開くことがなく、気づいたら失客してしまったというケースが多い。先出し管理法なら、スタッフがいる場合でも、全員でお客様全員を「見える化」し、失客防止や再来催促に活用できる

14 お客様から返事が来る「ニュースレター」

客単価上げ

以前はニュースレターを発行していたが、やめてしまったというケースは多く、その最大の理由は「効果がなかったから」です。ニュースレターを活用することで1年間に162万円もの売上をあげたサロンもあるほど、正しく使えば効果の出るツールなので、この機会にお客様から返事が来る＝必ず見るニュースレターをつくりましょう。

失客の理由第1位は「マンネリ化」ですから、いろんな情報を発信し続けることが大切です。ニュースレターを続けているサロンでは、お客様から「がんばってるね！」「楽しみにしてます！」などの反応がでてきます。反応があるというのは返事があるのと同じで、見てもらえているということです。

ニュースレターに書くべきこと

①イベントやキャンペーン、新メニュー、店販商品などの情報

POPだけで商品を売ろうとするのは、お客様を待っているだけと同じことです。ニュースレターで積極的にイベントや新メニュー、商品の情報を発信しましょう。情報は一度見ただけでは記憶に残らないものなので、同じ情報を何度も提供して印象づけることが大切です。ニュースレターとPOPに同じ文面を載せるだけで、「これ、ニュースレターに書いてあったから気になっていたの～」など、購入につながりやすくなります。

②スタッフ（個人）を知っていただくための情報

お客様と接する時間は決まっています。限られた時間の中で自分の魅力を発信するのは、簡単なことではありません。だからこそ、ニュースレターであらためて発信していきましょう。文章で表現すると、対面で伝えるのとはまた違った意味で新鮮に映ります。

ニュースレターは大切な個を発信するツールです。お客様から返事が来る（反応がある）ニュースレターこそ、効果を出すことができるツールです。

ニュースレターの紙面構成

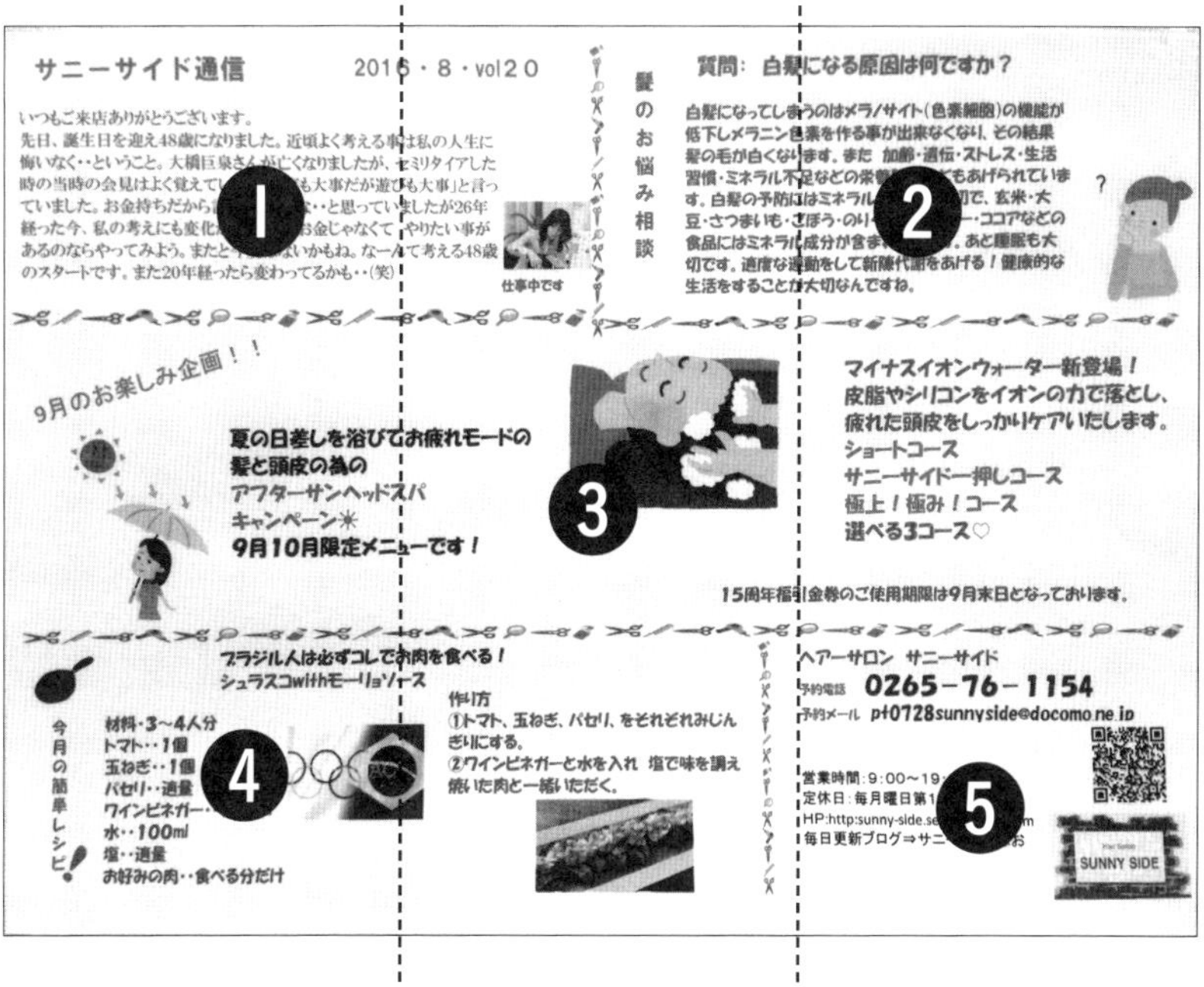

① 5つの枠それぞれにテーマを設定する

❶スタッフ担当記事（連載読み物）
　「個」を発信する内容が最適
❷プロとしての知識や持論
　難しい理論でないほうがいい
　例)「わかめを食べると髪が生えるの？」「シャンプーの仕方」など美容師なら誰でも当たり前に知っていること
❸サロンお得情報
　キャンペーン、イベント、新商品・店販商品のご紹介などをPOP風にのせる
❹地域情報
　お楽しみ・お役立ち・楽しみにしてもらえる内容
　サロンとは関係のない話
❺サロン名、営業時間、定休日カレンダー、予約方法、ホームページのQRコード

② 3つ折りにした時、真ん中が上になるように手渡す（------ は折り線）

サロン側はお客様が見てくださることを前提につくるが、実際に見ていただけるのは半分ほど。少しでも多くの方に読んでいただけるよう、インパクトのあるイラストや画像を入れると効果的

15 購買意欲をかき立てる「3連動POP」

客単価上げ

前項でお伝えした「お客様から返事が来るニュースレター」は、単体で活用するのではなく、店内POPとうまく連動させて、客単価上げにつなげていきます。

前ページ図❸で「POP風に書く」と示しているのは、同じPOPを店内に貼るためです。

●POPとニュースレターが連動してこそ効果が出る

ニュースレターを郵送で送っているサロンもありますが、読んでいただかないと意味がないので、私は全員のお客様に会計後に直接お渡しする形をとっています。自分の手で開きながら「こんな内容が書いてあるので読んでみてください」などとひと言添えてお渡しできれば満点です。

POPとニュースレターを連動させることはとても大切で、前ページ❸の記事（サロンお得情報）と同じPOPが会計カウンターにあれば、会計時にPOPを見る→ニュースレターを持ち帰って家でまた同じものを見る→次回ご来店時にそのPOPがセット面にあり、セット面に座ったらまた見る！　と、3回同じ情報を見せて印象づけて、最終的にこの商品についてお声がけをするという仕組みです。

商品が置いてあるだけでは、モノは売れません。POPでメニューの内容説明をしただけではメニューも売れません。声をかけただけで売れるとも限りません。

お客様に興味を持っていただくために、POPに書いてあることを印象づける＝気を引くことを意識しましょう。

●POPは1枚きりだからこそ目立つ

連動POPについてお伝えしてきましたが、内容もできればひとつに絞りたいものです。多くの人に知らせようと壁一面にたくさんのPOPを貼るサロンもありますが、私の経験では、POPの数を1枚に限定し、ニュースレターと連動させてひとつの物を売っているサロンのほうが、売上が上がっているからです。

同じ情報を3回伝える

1回目

レジ前告知POP

2回目

ニュースレターを持ち帰り、ご自宅で読む

3回目

セット面に座って同じものを見る

16 売れる「立体POP」

客単価上げ

「印象づけが大切」と前項でお伝えしました。ここでは具体的に、売れるPOPのつくり方についてご説明していきます。

お客様の欲求を誘うPOPづくり

女性のお客様の美に対する5大欲求は「見た目、手触り、持続性、即効性、香り」、どれも女性なら欲しいと思うものばかりです。持続性と即効性は相反していますが、すべてをクリアするのではなく、この中のひとつだけでもアピールしましょう。

売り方

売りやすいのは、「今だけ、ココだけ、あなただけ」を表現することです。

今だけ：期間限定↓「8月までの期間限定」
ココだけ：自店限定企画↓「限定10本」
あなただけ：ターゲットを定める↓「くせ毛の方に朗報」

つくり方

1枚の紙に収めるのではなく、わざと紙からはみ出させたり、立体にしたり、色をつけたり、変化をもたせるようにします。アイキャッチになるような写真を入れたり、見てすぐにその商品のイメージが湧くようなキャッチコピーをつけてください。

文字の色は、強調したい文字には赤色など暖色系の色を使い、覚えてほしいことなどは青色など寒色系の色を使うと効果的です。

手書きももちろん有効ですが、重要なのは手書きかどうかではなく、何が言いたいのかが伝わることです。

掲示方法

前項でも触れたように、「店内に掲示するのは1枚」が理想です。どのお客様にも売ることができる商品POPを貼り出して、ターゲットが限られる商品については該当するお客様が来た時にだけ特別に出す（移動POP）のも、ひとりサロンだからこそできる、POPの活用法です。移動POPを一度お客様に手で持っていただくと、さらにお勧めしやすくなります。

POPで「今だけ！」「ココだけ！」「あなただけ！」を伝える

17

毎日書く習慣をつける「売上分析表」

客単価上げ

月の真ん中に「今、売上はいくらですか？」と聞いて即答できるひとりサロンのオーナー様は、意外にも少ないものです。売上が多かろうと少なかろうと、誰に叱られるわけでもなく、自分の都合でいつでもレジを閉めることができるからです。

自店の売上変化をわからずに、どう分析し、どうやって売上を上げるのでしょうか？

◎重要なのは「客単価」の把握

大型店だと顧客管理ソフトが入っているサロンが多く、アナログで集計するサロンは少ないのですが、ひとりサロンでは、総客数は自分で数えられるくらいの数です。手書きで毎日、売上分析表を記入する習慣をつけましょう。

おひとり様のメニュー名、金額、店販売上、店販純利益・売上額、最後に総客数・売上総額を書きます。そして重要なのが、「客単価」を記入すること。

客単価を毎日出すと、ひとりサロンでは、いかにひとりのお客様にたくさんお買い上げいただかないと売上が確保できないかがはっきりとわかります。これによって、基本メニューだけではなく、サイドメニューを売ることや店販商品を売る理由も見えてくるものです。

客単価を算出しないひとりサロンは非常に多いのですが、たくさんの項目のなかでも、分析に一番大切なのはおひとり様あたりの客単価、と肝に銘じてください。

◎売上＝客数（新規・既存）×客単価×来店頻度

あらためて、商売の４つの基本を思い出してください。

- 客数（新規集客・既存客の固定化）
- 客単価
- 来店頻度

のうち、今日、自分で上げることができるのは、客単価だけです。今日の売上が目標に届かないとわかった時、客単価を上げることでしか、数字を達成できないのです。まずは客単価の変動を把握することからはじめましょう。

毎日、手書きでつける「売上分析表」の例

日付	曜日	メニュー別分析	技術売上	店販売上	店販純利益	総売り	総客数	(既)	(新)	技術客単価
4月 1日	土	カット2カットカラー1パーマ1	38488				4	4		9622
4月 2日	日	カット2カットカラー1パーマ1	20233				4	4		5058
4月 3日	月	カット4カットカラー2	27644				6	6		4607
4月 4日	火	定休日								
4月 5日	水	カット2カットカラー1パーマ2	38158				5	4	1	7631
4月 6日	木	カット1カットカラー1パーマ1	22830				3	3		7610
4月 7日	金	パーマ4	42900				4	4		10725
4月 8日	土	カットカラー4	28800				4	3	1	7200
4月 9日	日	パーマ2カット2	22208				4	2	2	5552
4月10日	月	カット3	12000				3	3		4000
4月11日	火	定休日								
4月12日	水	カットカラー3	29989				3	3		9996
4月13日	木	カットカラー3	34089				3	3		11363
4月14日	金	カット2パーマ1	11289				3	1	2	3763
4月15日	土	パーマ2	22500				2	2		11250
4月16日	日	カットカラー3	23800				3	3		7933
4月17日	月	カット2	6981				2	1	1	3490
4月18日	火	定休日								
4月19日	水	パーマ2	20181				2	2		11190
4月20日	木	カットカラー2	15500				2	2		7750
4月21日	金	カットカラー3	23370				3	3		7790
4月22日	土	カットカラー3	23200				3	3		7737
4月23日	日	カット4パーマ2	37890				6	6		6315
4月24日	月	カットカラー3カット1	19386				4	4		4846
4月25日	火	定休日								
4月26日	水	カットカラー2カット2	27273				4	4		6818
4月27日	木	カットカラー3	22300				3	3		7433
4月28日	金	パーマ3	35036				3	3		11678
4月29日	土	カットカラー3カット2	41871				5	5		8374
4月30日	日	カット4	10600				4	4		2650
合計			658516				92	85	7	7157

※メニュー別分析は細分化し、自分がわかる省略した名前でOK

5ヶ月でできる！価格改正までの行動計画

5章

1

価格・コンセプト改正の準備　1ヶ月目

新しいメニュー構成を考える

ここまで、メニューの見直し方、サービスとツールの導入の仕方についてご説明してきました。この章では、価格改正の進め方を時間軸に沿ってお伝えしていきます。

まずはメニュー構成・価格改正です。メニュー構成や価格改正の仕方は2章でお伝えしてきましたので、自分だけの付加価値を見つけ、メニュー構成を考案してください。

メニュー構成を考えるステップ

順番をまとめると、次のようになります。

①サロンコンセプトを決める
②理想の働き方を再認識する
③現メニュー表を書き出す
④新メニューとして導入できることはないか・商材など新しくするものはないかを確認する
⑤新メニュー表を書き出す
⑥比較しながら整理する
⑦消費税込み表示も書き出す

どのサロンでも、価格を次々と変えることはありません。今回の価格改正をやったら次は10年後、と考えて冷静に決断してください。およそ2ヶ月間で考えればいいのです。

これを機に消費税もきちんといただく

ひとりサロンでは消費税をいただいていないサロンもたくさんありますが、仕入れ代には消費税はついていることを忘れてはいけません。

ベース料金を値上げしてそれに消費税を足すと、とても大きな値上げになったように思いますが、思い切ってやる必要があります。

「はじめはなんだか消費税のご負担は結構大きいなぁと厳しく思いましたが、その分、自分で持ち出していたと思ったら怖くなった。もっと早くやるべきだった」と言われる方が多いのも事実です。

現行メニューと新メニューを書き出す

現行メニュー	現行料金（税　　）				新メニュー	新価格（税　　）				備考
メニュー名	ベース	S	M	L	メニュー名	ベース	S	M	L	
カット	3,500				クレンジングカット	4,320				炭酸泉付
中高カット	2,500				中高カット	3,240				
小学生カット	1,700				小学生カット	2,160				
前髪カット	500				前髪カット	1,080				
パーマ	8,000				パーマ	9,180	9,180	10,800	11,340	
ストレートパーマ	12,000				ストレートパーマ	14,040	14,040	15,120	16,200	
前髪ストレート	2,500				前髪ストレート	3,240				
カラーリタッチ5cmまで	4,000				カラーリタッチ2cmまで	4,860	4,860	4,860	4,860	
カラー肩まで	5,000				カラー肩まで	5,940		5,940		
カラー肩下	6,000				カラー肩下	7,020		7,020		
ヘナカラー	7,000				ヘナカラー（フルメイクのみ）	7,560	7,560	8,100	8,640	
トリートメント	2,000				濃密トリートメント	2,160	2,160	2,260	2,484	
ツヤトリートメント	2,500				ツヤ髪エステトリートメント	2,700	2,700	2,808	2,916	
フェイスエステ	2,500				フェイスエステ	3,240				
眉カット	無料				眉カット	540				
着付　留袖	5,000				着付　留袖	5,400				
着付　振袖	6,000				着付　振袖	6,480				
着付　アップ	3,500				着付　アップ	4,320				
シャンプーセット	2,000				シャンプーブロー	2,700				
シャンプー	1,000				シャンプー	1,620				
ヘッドスパ	1,800				眠れるヘッドスパ	3,240				

2 サービスの変更・新システムの導入

価格・コンセプト改正の準備　2ヶ月目

新メニュー表をつくるのと同時に、サービスやシステムの改正を考えましょう。3章でサービスを、4章でシステム（ツール）についてお伝えしてきましたが、大切なのは、再スタートは単なる値上げではないということです。値上げというご負担を、お客様にとって有益なサービスやシステムに変え、ご負担をお客様にご理解いただくことが何よりも失客防止につながるのです。そのご負担分を補える、お客様にとって嬉しいサービスやシステムの導入を考えてください。

自分の負担も考える

ひとりサロンではすべてを自分でやらなければなりませんから、おのずとできることが限られてしまいます。制作物でも常備しておくものは、1回つくってしまえば、足りなくなりそうになった時に補充すればいいのですが、たとえば月替わりでやるもの（ニュースレターやご提案カード・POP・お誕生日DMなど）は自分の負担を最小限に考えてください。

継続できるものを取り入れる

最初は値上げ分をどうにかして補うために、何とかできるだろう！　の気持ちでがんばって導入し、さまざまな特典をつけてしまいがちですが、慣れてくるにつれ、時間がなくて結局お客様の期待に添うことができなかった、ということもあります。何よりも、一度はじめたら継続しなければ意味がないのです。自分ができそうなものと、サロン発展のためにがんばってやり続けなければならないもの（ニュースレター発行など）の優先順位をつけ、自店でどんなサービスやシステム（ツール）を取り入れていくかを決めましょう。

なお、お客様に喜んでいただけるサービス・システムのベスト7は次の通りです。

1位：ニュースレター、2位：お誕生日特典、3位：ご紹介特典、4位：年間イベント、5位：ポイントカード、6位：ご提案カード、7位：予約表

毎月制作するものと、つくり置きできるものがある

サービス、システム・ツール類	毎月月替わりで制作するもの	つくり置きできるもの（月替わりしないもの）
2 お誕生日特典	○	
制服		○
音楽や雑誌の種類を増やす	○	
4 年間イベント	○	
月替わりサービス	○	
社会貢献		○
選べるプレゼント		○
カウンセリングシート		○
予約表	○	
5 ポイントカード		○
シニアパスポート		○
3 ご紹介特典		○
6 ご提案カード	○	
つなぐカルテ	○	
次回予約カード	○	
7 予約表	○	
カルテ管理ボックス	○	
1 ニュースレター	○	
3連動POP	○	
立体POP		○
売上分析表	○	

3

価格・コンセプト改正の準備　3ヶ月目

重要！　カルテ仕分けですべてを決定する

新メニューと、新しく導入するサービスやシステム（ツール）が決まったら、最後はカルテ仕分けを実施します。今まではお店側の想いでものを決めてきましたが、最終的にはお客様一人ひとりを確認して「本当にこの再スタートが成功するかどうか」を現場でジャッジするのです。

○カルテ仕分けとは？

やり方は簡単です。新メニュー・新価格を仮決定したら、お客様の現在のお支払い金額と改正後のお支払い金額の差額を出し、ご負担額を算出します。そして、お客様カルテを見て3秒で「来るか・来ないか」を仕分けるだけです。

ただし、その時に比較するものは、現状価格と改正後の価格だけではありません。

たとえば「70歳のAさんは、いつもカット4320円。改正後は4860円に上がるけど来てくれるか、来てくれないか」ではなく、「Aさんに適用されるサービスはシルバー年間パスポートで、イベントとか大好きだって言っていたから、年間のお得なイベントはきっと喜んでくださると思う！」など、新しいサービス・システムをお客様がどう理解してくださるかを考えるのです。

3秒ルールで全員のカルテを仕分けし、6割以上が「来る」であれば、このまま実行します。6割以上来てくださるとオーナー様が判断した場合、8割近くのお客様が残るという先輩たちのデータがあるからです。

○お客様との信頼関係・自分の技術価値を信じて決める

カルテ仕分けで注意していただきたいのは、迷ってはダメということ。熟考してしまうと、特に高齢で年金暮らしのお客様のカルテに迷いが生じますが、迷い出したら絶対に正しい答えは出ません。これまで自分がお客様と築いてきた信頼関係や技術価値を念頭に置いて、自分を信じて3秒で決めてください。

来る？　来ない？　カルテを3秒で仕分ける

現在			改正後
カット	4,320円	→	○○がついて4,860円
サービス	特になし	→	シルバーパスポートを発行 年間イベント開催

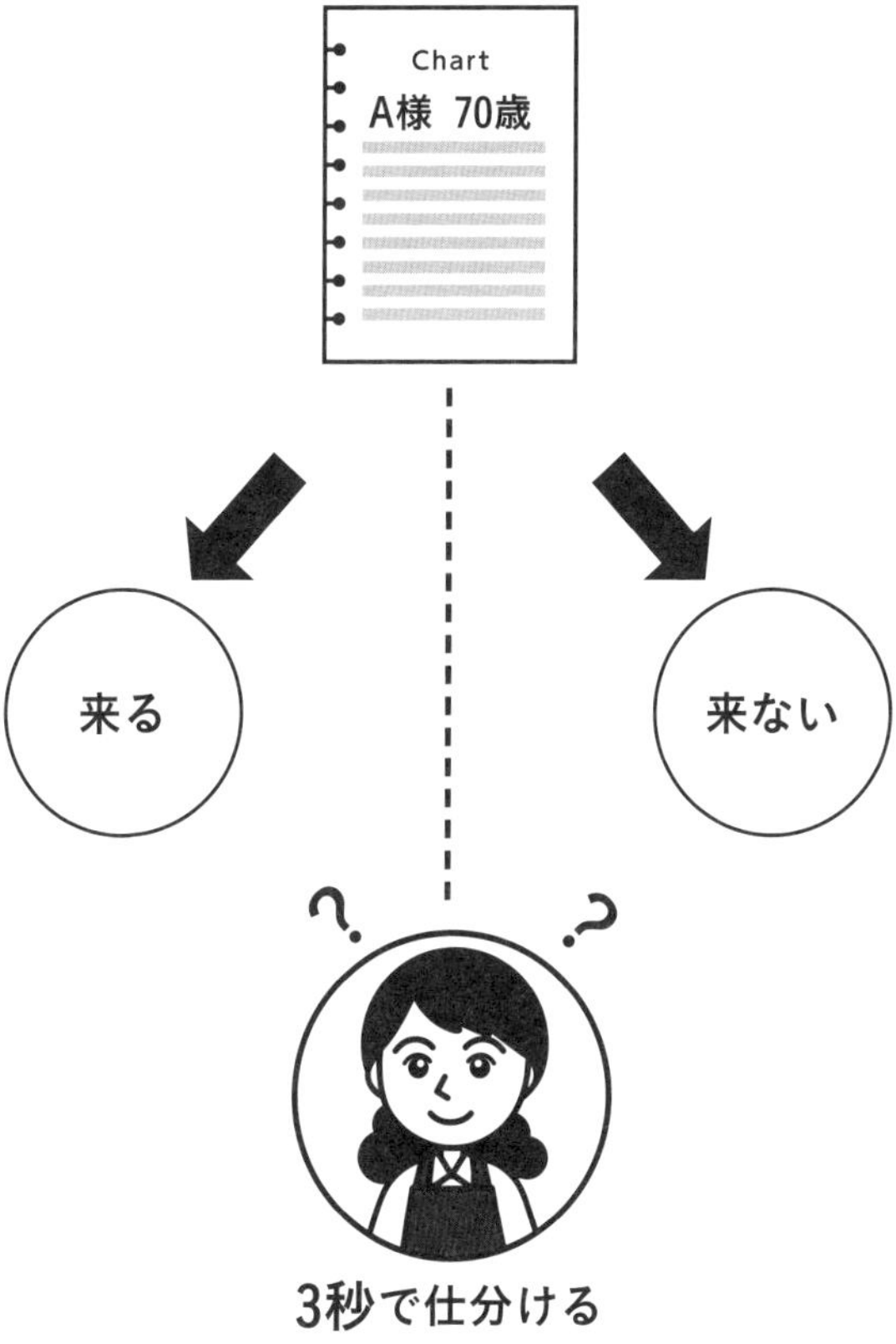

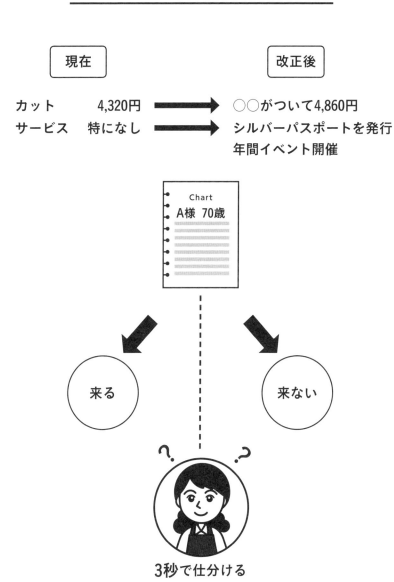

4

既存客に実行すること　1ヶ月目

なぜ、アンケートを取るのか？

再スタート開始から3ヶ月の間で最も考えなければならないことは、失客をどう防ぐかです。

私も自身が車で10分かかる田舎に移転し、2000円から5000円の値上げをしようと考えた時、誰にも相談する人がなく、単純にご負担いただく当人であるお客様に相談したのです。はじめはどのお客様も「そんなに上がるの!?　もう来られないわ～」と驚かれましたが、私がご理解をいただくために何度もお願いをしたところ、嬉しいことに当人であるお客様が「こんなことをしたら喜んでもらえるんじゃないの～」といろいろご意見をくださったのです。

その中で常連様のひと言が、私の心に刺さりました。

「恵ちゃんのお店はひとりだから、応援してあげなきゃね～。お客さんと一緒につくるしかないお店なんだね～。でも、ちょっと自分が社長さんになったみたいで嬉しいわ～」

これだ！　と私は思いました。ひとりサロンの最大の武器は〝お客様と一緒につくるサロン〟です。ですから、まずはお客様の声を伺うアンケートを実施します。アンケートでは、

①どんなメニューに興味がありますか？

②どんなサービスが欲しいですか？

この2点を聞きます。

改正内容を決めた上でアンケートを実施

アンケートを取ることは重要です。ただし、お客様の声をそのまま改正に活かすのではなく、サロンをどのように変えたいかは、自分であらかじめ決めておきます。アンケートを取る意味は、お客様に「自分も店づくりに参加した」と実感してもらうためです。大義名分ではないですが、「こういう声をいただきましたので、こんな風に変わります」と言えるようなストーリーをあらかじめ作成しておくと、アンケートの設問をつくりやすくなります。

具体的には次項以降でお伝えします。

アンケートの使い方

①「再スタートでこうしたい」という自分の思い・考え

「高品質な商材を入れよう！」
「癒しメニューを増やしたい！」

↓

② ①についてどう思うか、アンケートで反応をもらう

Q.「○○という素材に関心はありますか？」

Q.どんなメニューに興味がありますか？
●ヘッドスパ　●マッサージ　●フェイスエステ

↓

③「お客様の声に応えて変えました」と伝える

「お客様から「ヘッドスパに関心がある」という声をたくさんいただいたので、新メニューとして導入することにしました」

5

既存客に実行すること　1ヶ月目

第1回告知　お客様の声を拾うために大切な質問事項

アンケートの目的と注意点は、次の5点です

①あらためてご挨拶をする

ひとりサロンでは、長いおつき合いのうちに関係が友達のようなってしまうお客様が多く出てきます。でも、商売なのですから、「お金を払う人」と「お金をいただく人」の間には一定の線を引いておかなければなりません。この機会にあらたまったご挨拶をして、サロンとお客様の関係をお客様にも再認識していただきましょう。

②本音を引き出すために無記名でお願い

アンケートの目的は〝お客様と一緒につくるサロン〟を実現することです。真の声、お客様の本音を拾うために、無記名でお願いをしてください。

③おひとりおひとりの要望を把握する

無記名でお願いしますが、お客様の気持ちを把握することはサロンにとって大切なことです。どのお客様からいただいた意見かわかるように、お客様が帰られた後、必ずお名前を記入してください。

④チェック項目だけでなくご要望やメッセージも聞く

チェック項目の問は再スタートに直接関係する質問です。せっかくなので、記入式項目をつくってご要望やご意見、メッセージを聞き出します。

⑤アンケートボックスは何よりも宝物

アンケート用紙をお客様からいただいたら、その場で半分に折ってアンケートボックスに入れます。「お客様からいただいた貴重なご意見は大切にしまう」という意味で、アンケートボックスに鍵をつける演出をほどこすサロンもあるほどです。

⑥アンケート結果は必ず掲示する

わざわざアンケートに答えたけど、どうなったの？と疑問を持たれるようなことがあれば本末転倒です。集計結果は必ず店内に掲示し、ニュースレターでも提示してください。厳しいご意見をいただく場合もありますが、どんなご意見にも必ず何らかの回答はしてください。

アンケートのお願いご挨拶状見本

お客様各位　　　　　　　　　　　　　　　　　2016年　8月吉日

サロンK　迫田恵子

ますますご健勝のことと御慶び申しあげます。平素はサロンKをご利用いただき、誠にありがとうございます。私がこの地に開店させていただき、早いもので来年は15周年目を迎えることになります。これまで私たちを支えてきてくださったお客様や、新たにご縁を授かりましたお客様に対し、心より深く御礼申し上げます。

美容師となって30年、お客様に対して技術提供や接客・サービス提供等をしてまいりました。オープン当初からたくさんのお客様にお越しいただいており、お互いに年を重ね、これからのサロンのあり方について、どうすればよりよいサロンをつくることができるかなど、ただ今、思案中です。そこでお客様の願いに少しでもお応えして、感謝の気持ちを形にできたらと思っています。

15周年を機に初心に戻り、サロンKの願いでもある「お客様と一緒につくるサロン」に特化したサロンとして再スタートを考えております。

サービスの変更、新メニューの導入、より安心・安全の優しい高品質商材などの導入、メニュー構成と価格改正、リラクゼーションメニューの拡大など、これまで以上に重ねて努力してまいります。


恐れいりますが、「お客様と一緒につくるサロン」をコンセプトに、ぜひお客様のご要望や思いを聞かせていただき、4月の再スタートに活かしたいと思っていますので、別紙アンケートにご協力をどうぞよろしくお願いいたします。

※お名前の記入は必要ありません。お客様よりいただきましたご意見は、真摯に受け止め皆様にご理解いただけますように、店内提示もしくはホームページなどに掲載し引用させていただくこともございます。
何卒宜しくご協力をいただきますよう、お願いいたします。

サロンK　迫田恵子

アンケート質問事例　サービスご要望編

1　サービスについてご要望はありますか？

①季節のイベントを入れてしてほしい　**導入予定の場合**

②お得なキャンペーンを企画してほしい　**マンネリ化を防ぐ失客対策で導入するべき**

③ポイントカードをつくってほしい　**導入価値あり**

④ご紹介特典が欲しい　**導入価値あり**

⑤メール予約・ライン予約ができるようにしてほしい　**必須項目**

⑥スタイル画像を残してほしい　**設備が必要なので導入予定の場合**

⑦頭皮診断などマイクロスコープ画像が見たい　**設備が必要なので導入予定の場合**

⑧雑誌の種類を増やしてほしい

⑨飲み物のサービスが欲しい

⑩ニュースレター（お店の情報誌）にお得な情報を載せてほしい　**導入価値あり**

⑪子供が喜びそうな小物やDVDなどを置いてほしい　**導入予定の場合**

⑫シニアが喜びそうなサービスを入れてほしい　**導入予定の場合**

⑬その他サービスについてご要望があればリクエストお願いします。

（　　　　　　　　　　　　　　　　）　**枠は大きく**

2　よろしければ　店長に何かメッセージをお願いします

（　　　　　　　　　　　　　　　　）　**枠は一番大きく**

アンケート質問事例　メニューご要望編

ご興味のあるメニューはありますか？
当てはまる項目に○のチェック（何個でもOK）をお願いします。

①マッサージ（ヘッド・フェイス・肩）　**導入予定の場合**

②ヘッドスパ（頭皮マッサージ）
ヘッドスパメニューがパーマ比率を抜いているサロンもあるほどお客様のニーズが高いので、自店のお客様の声をぜひ聞いてみる

③アンチエイジングメニュー（若返りメニュー）　**大人のサロンでは必須項目**

④オーガニック商材（天然植物成分配合）　**導入予定の場合**

⑤フェイスエステ　**導入済・売れていない場合でも再度聞いてみるのが大切**

⑥育毛メニュー　**大人のサロンでは必須項目**

⑦気になるところだけカラー（生え際・分け目などの部分染め）
ニーズがあるメニュー

⑧気になるところだけパーマ（後頭部・前髪などのポイントパーマ）
スタイルチェンジに結びつけるためのメニューとして導入するサロンもある

⑨送迎（免許がないので送り迎え）　**導入予定の場合**

⑩その他取り入れてほしいメニューなど　**必ず入れる。枠は大きめにとる**

（　　　　　　　　　　）

6

既存客に実行すること　2ヶ月目

信頼関係づくりを開始。ニュースレターを導入する

アンケートを開始した翌月には、お客様とのよりよい信頼関係づくりのためと、これからの再スタートをお客様に期待していただけるようなニュースレターを発行していきましょう。

ニュースレターの意義は4章「お客様から返事がくるニュースレター（客単価上げ）」でお伝えしたように、ニュースレターを続けるだけで利益につながったサロンは多数あります。

では、どんなことを書いたらいいのでしょうか。

①オーナーからの挨拶

創刊号ではアンケート実施へのお礼や、「再スタートを機に一度サービスについて見直したいと思った」など、考えていることなど書いてみましょう。

②プロからの持論

あえてイノベーションと関係のない記事も書いてください。お客様が私たちから買うのは技術だけでなく、知識・情報・経験までも含みます。プロだからこそ、たくさんの情報を発信しましょう。プロからの持論と言っても、難しく書くのはタブーです。ひとりサロンは職人気質の方が多く、専門用語を使って書く方が少なくありませんが、〝素人〟のお客様にわかるように書いてください。

③既存のお客様と共有できる話題

再スタートをお客様にご理解いただくために、今までのサロンの歴史など既存のお客様と共有できる話題を書いて、再スタートへのご理解を深めていきます。

④地域情報や豆知識・クイズなど

サロンとまったく関係のないことを書きます。ニュースレターが宣伝ばかりになってしまうとお客様に「押し売りされているようで嫌だなぁ」と思われてしまうため、これはとても重要です。ニュースレターを継続して読んでいただくための努力をこの枠でしていきましょう。地域のお祭りや行事、季節の旬を使ったお料理やお客様が参加できるクイズなどが、喜ばれるテーマです。

ニュースレターの例

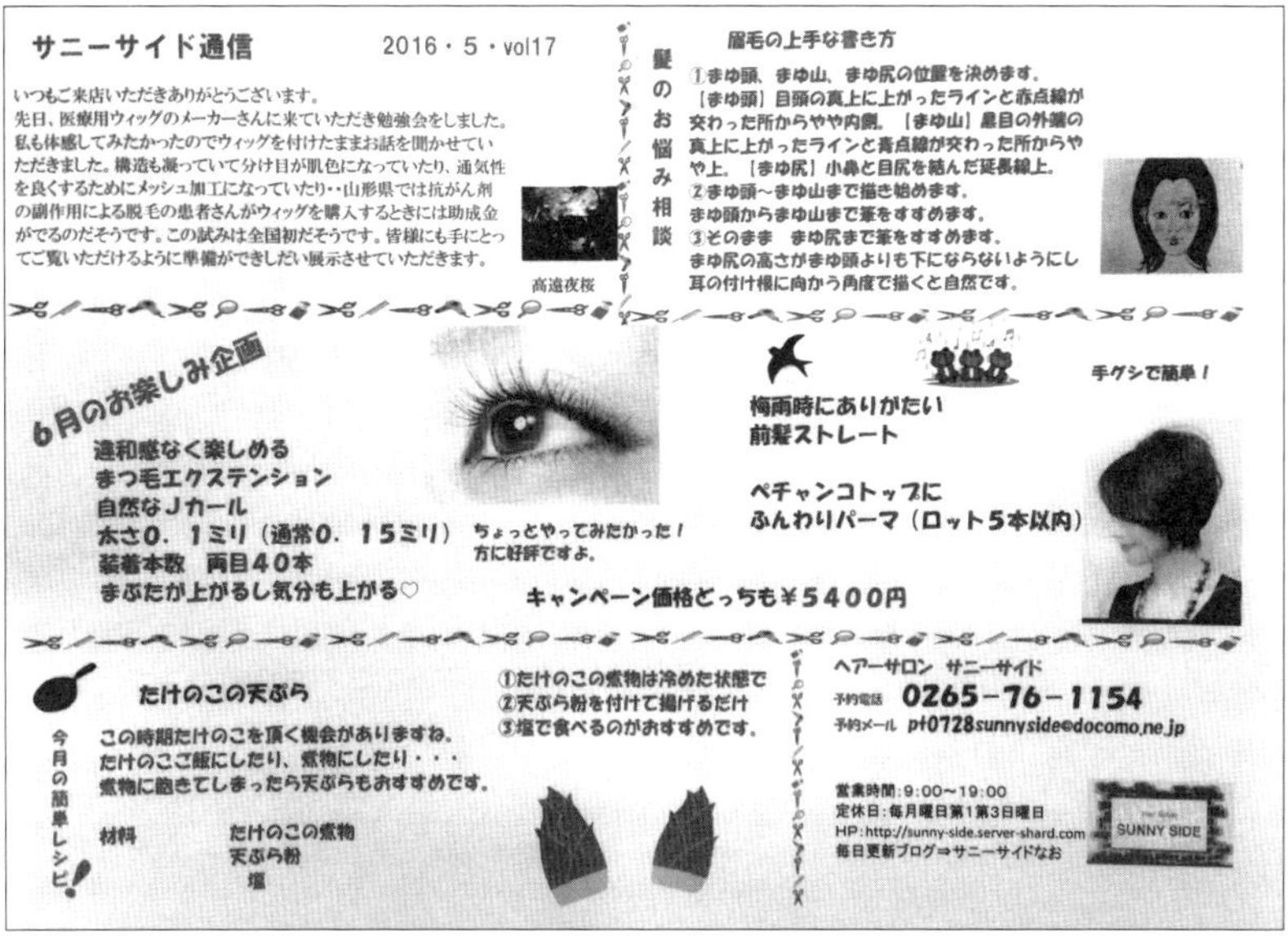

サニーサイド通信　2016・5・vol17

いつもご来店いただきありがとうございます。
先日、医療用ウィッグのメーカーさんに来ていただき勉強会をしました。私も体感してみたかったのでウィッグを付けたままお話を聞かせていただきました。構造も凝っていて分け目が肌色になっていたり、通気性を良くするためにメッシュ加工になっていたり・・山形県では抗がん剤の副作用による脱毛の患者さんがウィッグを購入するときには助成金がでるのだそうです。この試みは全国初だそうです。皆様にも手にとってご覧いただけるように準備ができしだい展示させていただきます。

高遠夜桜

髪のお悩み相談

眉毛の上手な書き方

①まゆ頭、まゆ山、まゆ尻の位置を決めます。
［まゆ頭］目頭の真上に上がったラインと赤点線が交わった所からやや内側。［まゆ山］黒目の外端の真上に上がったラインと青点線が交わった所からやや上。［まゆ尻］小鼻と目尻を結んだ延長線上。
②まゆ頭～まゆ山まで描き始めます。
まゆ頭からまゆ山まで筆をすすめます。
③そのまま　まゆ尻まで筆をすすめます。
まゆ尻の高さがまゆ頭よりも下にならないようにし耳の付け根に向かう角度で描くと自然です。

6月のお楽しみ企画

違和感なく楽しめる
まつ毛エクステンション
自然なＪカール
太さ０．１ミリ（通常０．１５ミリ）
装着本数　両目４０本
まぶたが上がるし気分も上がる♡

ちょっとやってみたかった！方に好評ですよ。

手グシで簡単！

梅雨時にありがたい
前髪ストレート

ペチャンコトップに
ふんわりパーマ（ロット５本以内）

キャンペーン価格どっちも￥５４００円

今月の簡単レシピ！

たけのこの天ぷら

この時期たけのこを頂く機会がありますね。
たけのこご飯にしたり、煮物にしたり・・・
煮物に飽きてしまったら天ぷらもおすすめです。

材料　たけのこの煮物
天ぷら粉
塩

①たけのこの煮物は冷めた状態で
②天ぷら粉を付けて揚げるだけ
③塩で食べるのがおすすめです。

ヘアーサロン　サニーサイド
予約電話　0265－76－1154
予約メール　pt0728sunnyside@docomo.ne.jp

営業時間：9:00～19:00
定休日：毎月曜日第1第3日曜日
HP：http://sunny-side.server-shard.com
毎日更新ブログ⇒サニーサイドなお

SUNNY SIDE

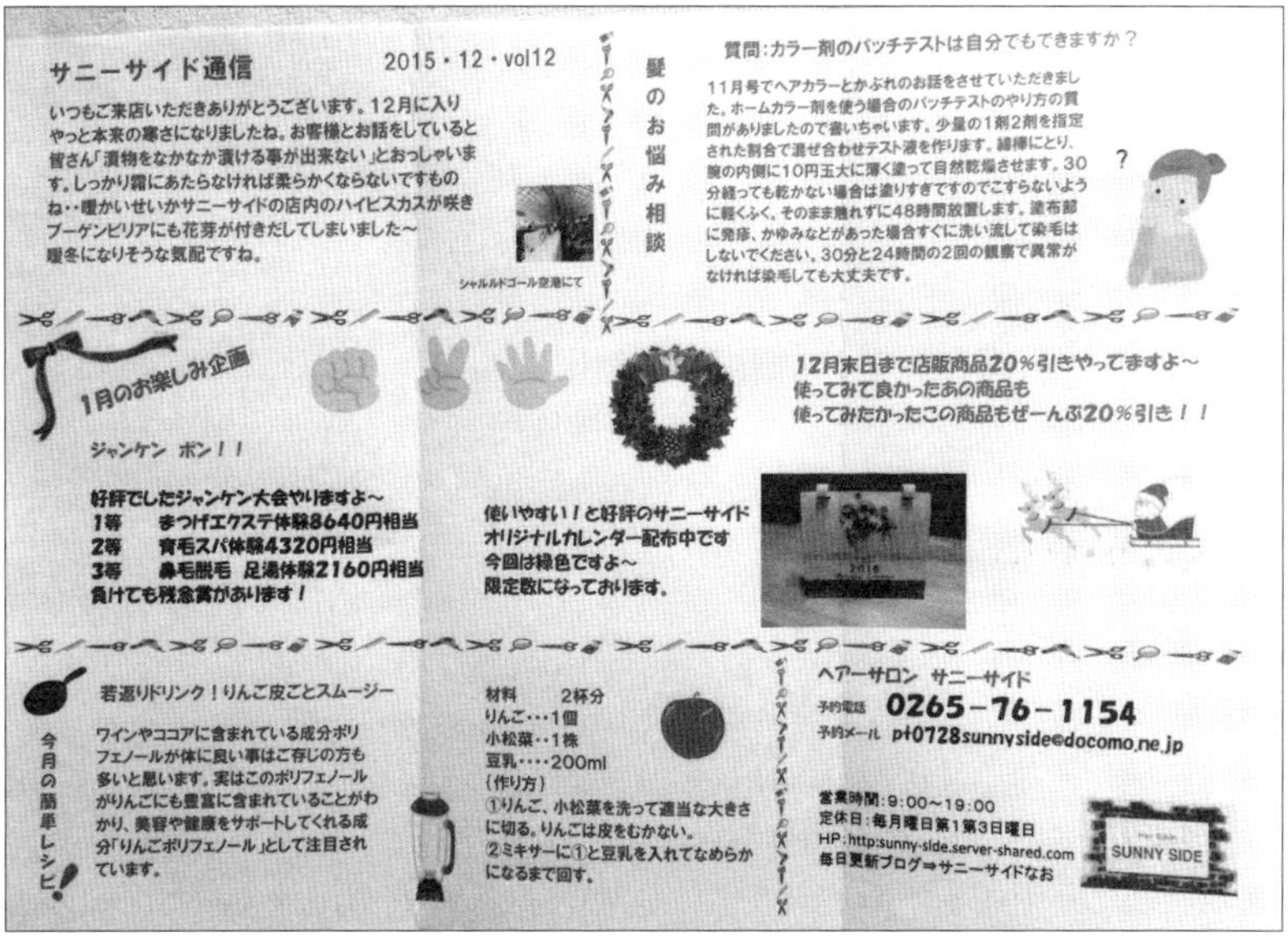

サニーサイド通信　2015・12・vol12

いつもご来店いただきありがとうございます。12月に入りやっと本来の寒さになりましたね。お客様とお話をしていると皆さん「漬物をなかなか漬ける事が出来ない」とおっしゃいます。しっかり霜にあたらなければ柔らかくならないですものね・・暖かいせいかサニーサイドの店内のハイビスカスが咲きブーゲンビリアにも花芽が付きだしてしまいました～
暖冬になりそうな気配ですね。

シャルルドゴール空港にて

髪のお悩み相談

質問：カラー剤のパッチテストは自分でもできますか？

11月号でヘアカラーとかぶれのお話をさせていただきました。ホームカラー剤を使う場合のパッチテストのやり方の質問がありましたので書いちゃいます。少量の1剤2剤を指定された割合で混ぜ合わせテスト液を作ります。綿棒にとり、腕の内側に10円玉大に薄く塗って自然乾燥させます。30分経っても乾かない場合は塗りすぎですのでこすらないように軽くふく。そのまま触れずに48時間放置します。塗布部に発疹、かゆみなどがあった場合すぐに洗い流して染毛はしないでください。30分と24時間の2回の観察で異常がなければ染毛しても大丈夫です。

1月のお楽しみ企画

ジャンケン　ポン！！

好評でしたジャンケン大会やりますよ～
1等　まつげエクステ体験8640円相当
2等　育毛スパ体験4320円相当
3等　鼻毛脱毛　足湯体験2160円相当
負けても残念賞があります！

12月末日まで店販商品20％引きやってますよ～
使ってみて良かったあの商品も
使ってみたかったこの商品もぜーんぶ20％引き！！

使いやすい！と好評のサニーサイド
オリジナルカレンダー配布中です
今回は緑色ですよ～
限定数になっております。

今月の簡単レシピ！

若返りドリンク！りんご皮ごとスムージー

ワインやココアに含まれている成分ポリフェノールが体に良い事はご存じの方も多いと思います。実はこのポリフェノールがりんごにも豊富に含まれていることがわかり、美容や健康をサポートしてくれる成分「りんごポリフェノール」として注目されています。

材料　2杯分
りんご・・・1個
小松菜・・1株
豆乳・・・・200ml
（作り方）
①りんご、小松菜を洗って適当な大きさに切る。りんごは皮をむかない。
②ミキサーに①と豆乳を入れてなめらかになるまで回す。

ヘアーサロン　サニーサイド
予約電話　0265－76－1154
予約メール　pt0728sunnyside@docomo.ne.jp

営業時間：9:00～19:00
定休日：毎月曜日第1第3日曜日
HP：http:sunny-side.server-shared.com
毎日更新ブログ⇒サニーサイドなお

SUNNY SIDE

7 既存客に実行すること　2ヶ月目

オリジナルシステム（ツール）の作成

ツールは手づくりで十分

再スタートが近づくにつれ、決めたサービスやシステム（ツール）の作成を進めることになります。ここで問題になるのが、ツール作成にどれくらいのコストをかけるべきか。

「高料金店へと変わるのだから、ツールもクオリティーの高いものに」とこだわる必要はないと思います。お客様と一緒につくる小さなサロンだから、すべて手づくりのオリジナルツールでも、十分に価値はあります。

私の主宰する勉強会には、全国から大小さまざまな規模のサロンが集まります。なかには大型店のオーナー様が「小さなサロンの経営戦略を知りたい！」と受講されることもあり、私の自作ツールを見せた時にこんな会話がありました。

大型店オーナー様「こう言ってはいけないんですが、決して見栄えがいいとは言えないツールを高料金店で使用しても繁盛店になることに驚きです」

私「問題は見栄えではなくて、オリジナリティでお客様に印象づけ、使っていただけるかどうかだと思うんです」

大型店オーナー様「それが数字で証明されているから、迫田さんの話は納得ができます」

お金をかけることも大切ですが、一番大切なことは、お客様に活用していただけるかどうかです。

もちろん私が自作にこだわったのは、当初は資金がなかったからという単純な理由で、パソコンも使えない私に、パソコンが得意なお客様が先生をしてくださいました。

実際のところ、これこそ、私が繁盛サロンをつくることができた真の理由とも言えます。繁盛サロンができたのは、お客様と一緒にサロンをつくったというより、お客様に応援していただき、その努力をお客様にご理解いただくことができたからです。

自作をサポートしてくれるサイト

カード類の作成：ラベル屋さん.com	http://www.labelyasan.com/
テンプレートなど：ピッキーピックス	https://picky-pics.com/designs
かわいいフリー素材集：いらすとや	http://www.irasutoya.com/

大量印刷をサポートしてくれるサイト

ラクスル	https://raksul.com/
プリントパック	http://www.printpac.co.jp/

パソコンで制作する場合、ワードやパワーポイント、エクセルなどを使って最終的にPDFデータにするケースが多いのですが、パソコンを使うことができず、手書きで制作しているサロンもあります。ひとりサロンは総客数が少ないので、手書きでも十分対応可能。ここもひとりサロンのメリット！

8

既存客に実行すること　3ヶ月目

第2回告知　アンケートでお客様に期待を持たせる

お客様アンケートは2ヶ月間実施します。2ヶ月もあれば、既存客（常客）の方が一度はご来店になるので、お客様全員にアンケートにお答えいただけるからです。すべてのお客様からアンケートを取ろうと考えるより、2ヶ月以内にご来店になった常客の意見を取りましょう。

これまで申し上げたように、サービス業では「売上が多いお客様を大切にしなさい」と言われがちですが、ひとりサロンの場合はお店とお客様の距離が近いため、どのお客様も自分のことを〝上客（上得意）〟だと思っています。このため、売上高が多いお客様を中心に考えることはとても危険です。

重視したいのは、より強固な信頼関係ができ上がっているお客様の声です。信頼関係の強さは「接触頻度×人柄」に比例すると言われるように、来店頻度の高いお客様こそ、ひとりサロンにとって貴重なお客様です。

○アンケート集計結果は大きく2つに分類

「メニューへのご要望」と「サービスへのご要望」（115・116ページ）でチェックされた項目をベストテン形式で開示します。必ず「こういうご意見をいただいたので、こう変わります！」ということもしっかり書いてください。記入式回答の部分は、すべてそのまま書いて掲示します。

厳しいご意見にもすべて応えることが大切です。書いた本人は答えを待っているので、必ずお返事をしてください。ご感想やメッセージなどは、本当に涙が出るくらい嬉しいものが多いので、一生の宝としてこれからのサロン経営に役立ててください。

○ニュースレター2号にも掲載

同じものをニュースレターにも載せます。お店側は、制作したPOPやニュースレターは、すべてのお客様に読んでいただいていると思い、「同じことを2回書いては失礼」と言う人もいるのですが、残念ながら読んでいない人のほうが多いものです。店内掲示だけでなく、何度も同じ情報を発信して印象づけてください。

アンケート結果を店内に掲示する

こんなメニューがあったら欲しい！（ご要望）

BEST 1 マッサージ
BEST 2 ヘッドスパ
BEST 3 フェイスエステ

これから取り入れていきます

アンチエイジングメニュー
気になるところだけカラー
育毛メニュー
増毛・かつらメニュー
訪問美容
「まつ毛エクステのメニューが欲しい」

貴重なご意見ありがとうございます。
まつ毛エクステは美容師のみが行なえる施術ですが、
申し訳ございませんが現在、当サロンでは導入予定はございません

こんなサービスがあったら欲しい！（ご要望）

BEST 1 お得なキャンペーン
BEST 2 メール・ライン予約
BEST 3 頭皮診断など

楽しくおしゃべりしたい
スピーディー
開始営業時間を早くしてほしい
季節のイベント
ニュースレター　など
「待合室も禁煙にしてほしい」

屋外に喫煙所を設け、全店内禁煙とさせていただきます

＊貴重なご意見ありがとうございました。
これから、できる限りご要望に添えるようにしていきます。

9

既存客に実行すること　4～5ヶ月目

告知セットDMを送る

再スタートから3ヶ月が経ち、いよいよお客様に再スタートの内容をお伝えする時です。全員の方にDMを出します。DMが不可になっているお客様にはご来店時に手渡しして、全員に告知することが大前提です。なぜなら、メニューと価格を改正するからです。休眠客の掘り起こしも兼ねてお伝えします。

もしDMセットをお渡ししていないお客様がいらっしゃれば、最初は旧料金で対応させていただくくらいの対応は必要です。サロン経営はこれからのほうが長いのですから、「こっちが告知したのを見ていないあなたが悪い！」という考えではなく、「今回は旧料金でお願います。次回から新メニュー表が適用になりますので、よろしくお願いします」と納得してもらった上で、新料金をいただくことが大切です。

そのために、告知セットDMを見ていただけるよう努力をします。

○告知セットDMに入れるもの

- ご挨拶状
- 手書きひと言添え
- サービスの導入表
- 新メニュー表
- 年間イベント表

これらを封筒に入れてお渡しししますが、事務用品の茶封筒ではなく綺麗な封筒に入れて、招待状のような演出をほどこしてください。前々から知っていたことであっても、招待状の中身を開くときにはワクワクするものです。

これまでアンケートや日々のサロンワークの中で、ずいぶん前から、少しずつお知らせしてきた再スタートの、いよいよ全貌を公開する瞬間です。封筒にアロマの香りを含ませて送ると、お客様から「紙からいい匂いがしてびっくりした！」などの感想をいただけます。DMを送る瞬間から、〝新たな価値〟を生み出すことははじまっているのです。

封筒に入れる順番にも意味がある

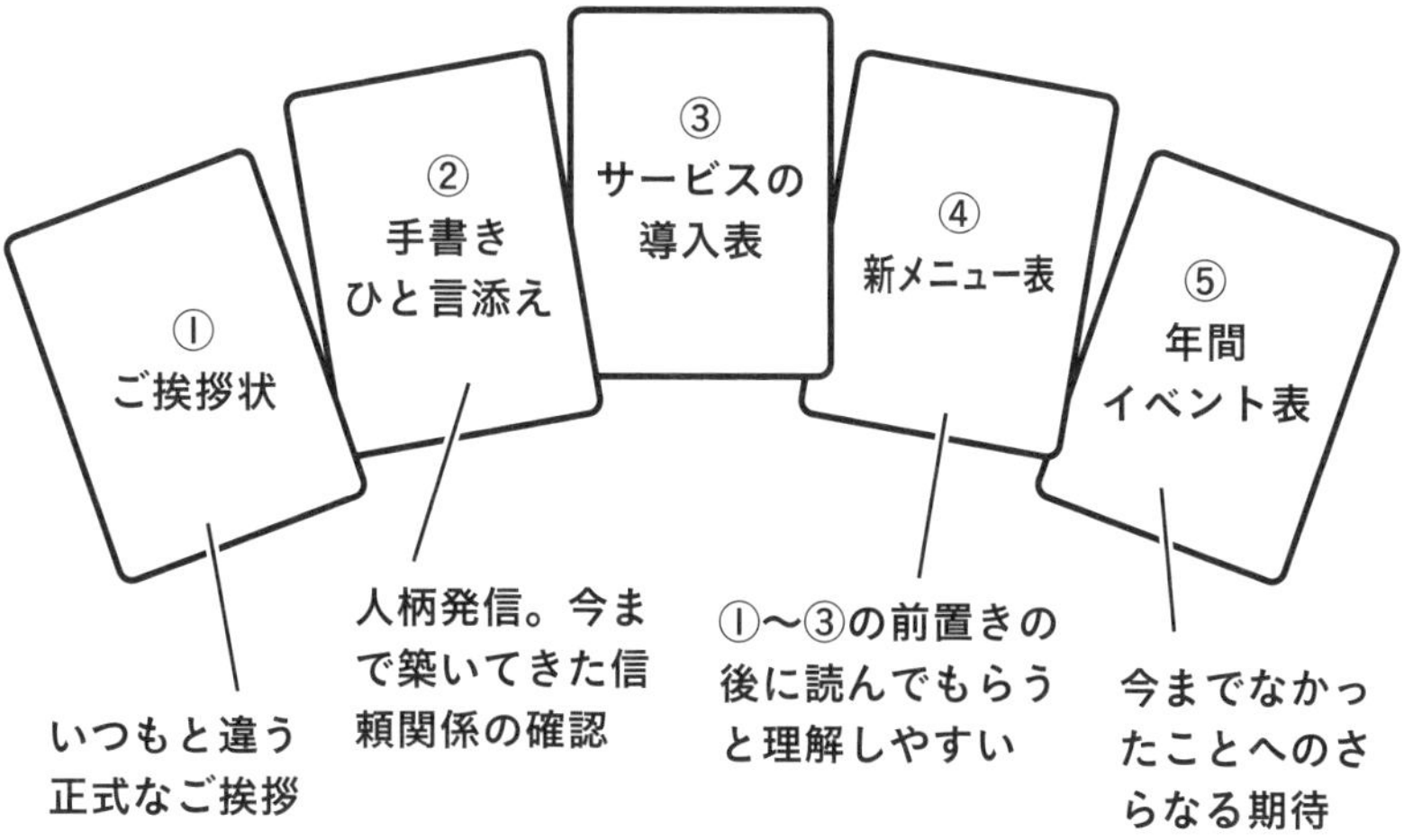

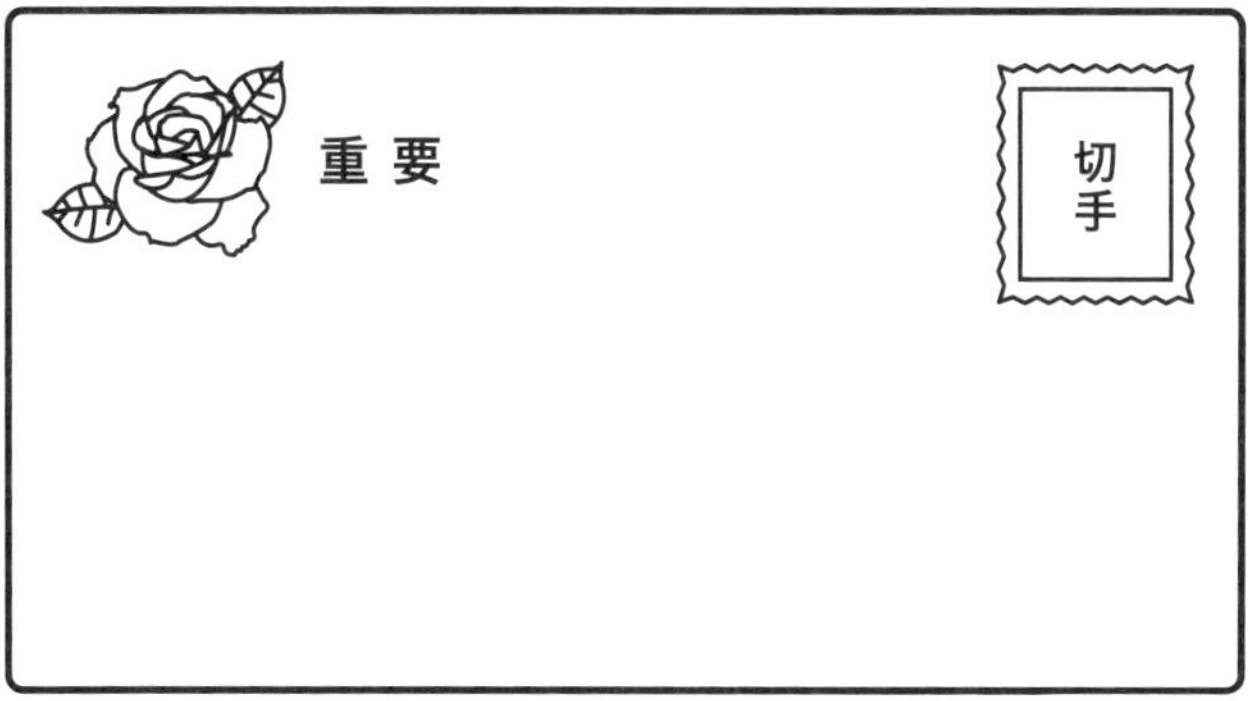

アロマなどで香りづけすると印象づけられる

④新メニュー表

表面

～Kの歴史～

○○年○月　○○美容学校卒業

○○年　○月　　美容師免許取得

○○年　○月　　○○サロンにて　○年間修業

○○年　○月　　○○サロンにて　○年間修業

○○年　○月　　念願の夢であった○○オープン

○○年　○月　　○○取得

○○年　○月　　新メニュー○○導入

○○年　○月　　○○取得

○○年　○月　　イノベーションの為お客様アンケート開始

○○年　○月　　サロンの願いである
"お客様と一緒に創るサロン創り"
イノベーション開始

いつもご来店頂きありがとうございます
お客様に支えられここまで来ることができました

これからはお客様と一緒に創るサロン作りを
提唱しお客様に喜んでいただけるサロン創りを
したいと願っております。

スタイリスト
迫田恵子

これからもどうぞ宜しくお願い致します

完全予約制

電話予約　(0562)－444－555
メール予約　　k0562444555@docomo.ne.jp

営業時間：9時～19時
定休日：月曜日
大府市北崎町皆瀬95【P4台有】
お車の方は　伊勢湾岸道路豊明インターから5分
公共機関でお越しの方は　JR大府駅タクシー8分

迫田恵子

～毎日更新ブログにて　髪情報　をお伝えしています～

Kは○○月より新しく生まれ変わります

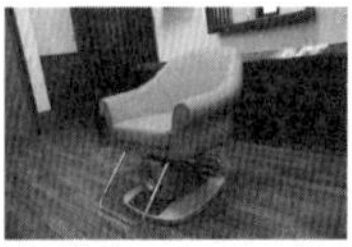

裏面

【カットコース】

マイクロスコープによる頭皮診断
頭皮洗浄クレンジング
修復のトリートメント
スタイリング　含
6300円～9450円

キレイな毛穴の状態

頭皮の老廃物(古い角質や皮質など)が毛穴に詰まると
髪の成長を妨げます。頭皮洗浄クレンジングで
老廃物を取り除く事により・血行促進・育毛効果を高めます
修復のトリートメントは保護膜を作り損傷を防ぎます

スタイリストは日本毛髪科学協会毛髪診断士認定指導講師
(愛知県では現在一人のみ)を取得しています(※当時)

■髪の長さ規定■
S・・・襟まで
M・・・襟足10センチまで
L・・・それ以上

【メンズカットコース】

マイクロスコープによる頭皮診断
頭皮洗浄クレンジング
修復のトリートメント
スタイリング　含
シンプルコース　4620円

理容室で8年間修業をし理容師免許も取得しています
お客様のご要望に合わせて理美技術を提供していきます

一番人気

エステ付メンズコース(6300円)もあります。
お問い合わせ下さい。

【カラーコース】

髪の保護剤
残留薬剤の除去剤
修復のトリートメント
スタイリング　含
9450円～14700円

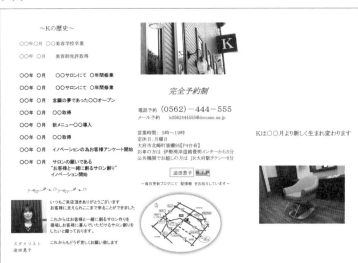

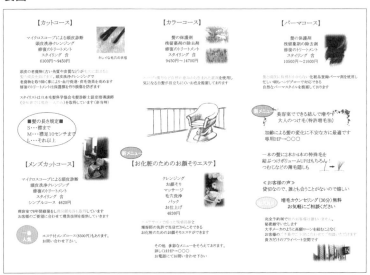

ハーブ・漢方など自然の恵みから生まれた薬剤を使用し
気になる白髪が目立ちにくいお色を提案しております

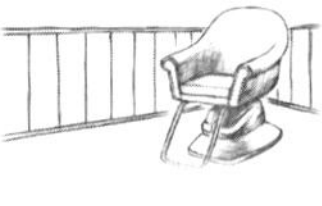

新メニュー

【お化粧のためのお顔そりエステ】

クレンジング
お顔そり
マッサージ
毛穴洗浄
パック
お仕上げ
4830円

エステサロンで培った施術経験と
理容師の免許で当店だからこそできる
お化粧のためのお顔そりエステができます

その他　多彩なメニューをそろえております。
詳しくはHP→○○○
お電話にてお問い合わせ下さい

【パーマコース】

髪の保護剤
残留薬剤の除去剤
修復のトリートメント
スタイリング　含
10500円～21600円

髪と頭皮に負担がかからない化粧品登録パーマ剤を使用し
忙しい朝もハンドブローで対応できる
自然なパーマスタイルを提案しております

新メニュー

美容室でできる結んで増やす
大人のつけ毛(特許増毛法)

加齢による髪の変化に不安な方に最適です
専用HP→○○○

一本の髪に2本か4本の特殊毛を
結ぶつけボリュームUPはもちろん！
つむじなどの薄毛隠しも

≪お客様の声≫
貸切なので、誰とも会うことがないので嬉しい

増毛カウンセリング(30分)無料
お気軽にご相談ください

完全予約制で他のお客様は誰もいません。
秘密厳守いたします
大手メーカのように高額ローンを組むことなく
お客様のご予算やご予定に合わせてご相談いただけます
貴方だけのプライベート空間です

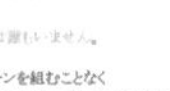

③サービスの導入表

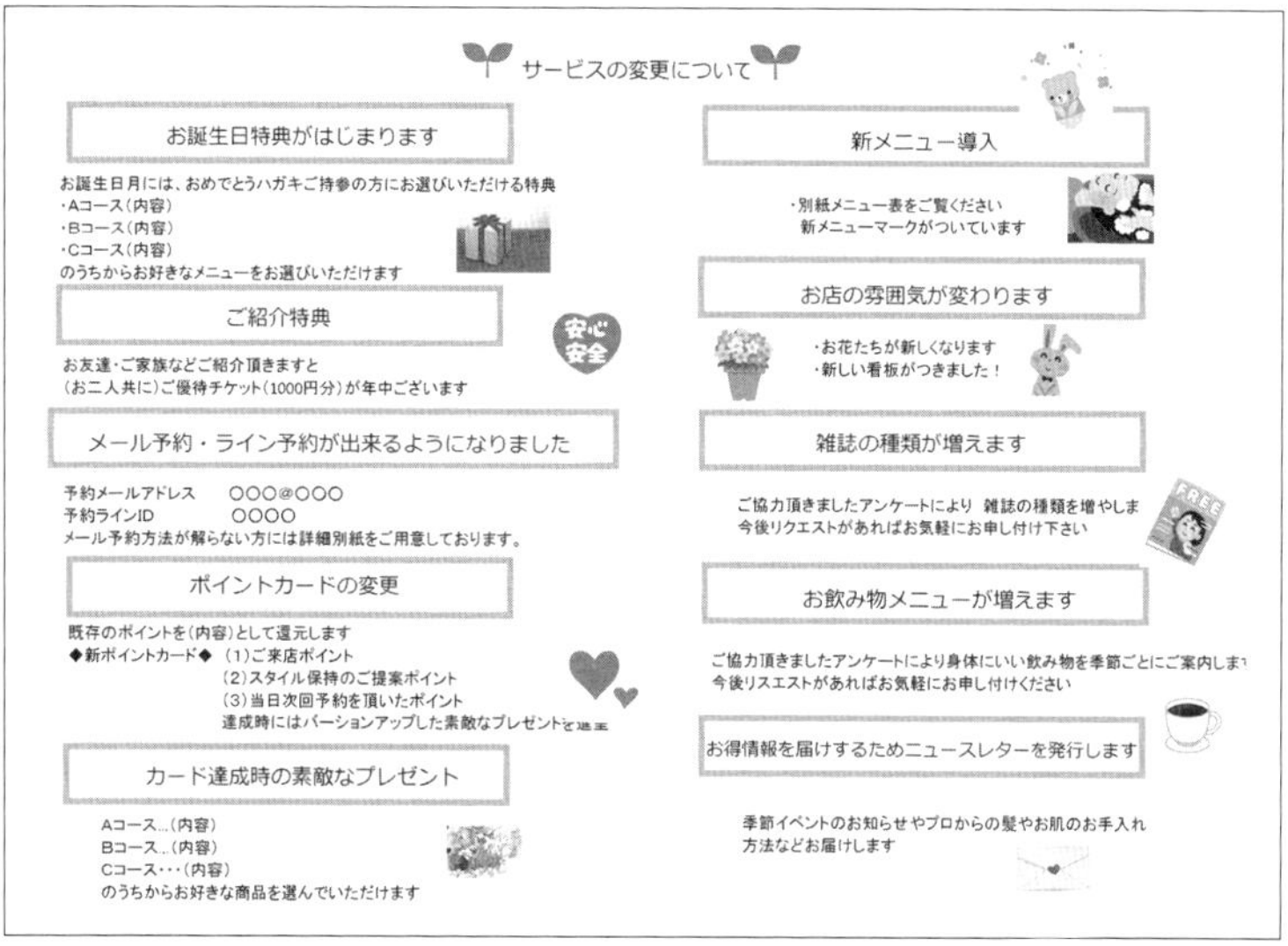

⑤年間イベント表

10 オープニングイベントは記憶に残す

既存客に実行すること　再スタート月

再スタートする時は、新店のオープンと同様にお客様の記憶に残すことをやります。「再スタート感謝祭」など銘打って、〝お客様と一緒につくるサロン〟のはじまりを宣言しましょう。

○記憶に残す

「記憶に残す」と聞いて、名入れの記念品を全員プレゼントしたり、福引大会やじゃんけん大会など一緒に盛り上がるゲームをやったり、お客様と一緒に再スタートすることを記念してアルバムづくりを実施するサロンもあります。どれも記憶に残すには有効ですが、大切なことは、**そのサロンに合ったイベントであるかどうか**です。

ひとりサロンではスタッフ雇用店とは違い、ひとりでテンションを上げ続けて、ひとりで盛り上げていかなければなりません。はじめの2週間は盛り上げることができても、2ヶ月もすると自分のモチベーションが上がらなくなり、失敗に終わってしまう――こうした反省点は実際にイベントを開催したひとりサロンオーナー様からよく出る率直な意見です。

何かイベントをやる際は、「期間は2ヶ月間」が大原則です。自身のモチベーションの問題だけでなく、サロンの常客を「2ヶ月以内にご来店くださる方」と限定すれば、2ヶ月間イベントを開催することで、常客と判断した方は必ず体験できるからです。イベントを計画しても、それを体験して欲しいターゲット＝常客がいなければ、イベントをやる意味がありません。

○イベントはメリット・デメリットを見極めてから

全員プレゼントのように月の総客数分を準備するイベントだと、かかる費用は膨大になります。名入れ商品ともなると、余った時に使い道がなくなります。じゃんけん大会のように勝敗が運任せのイベントは予算組が難しくなります。一方、福引大会なら総額が決まっており、景品を有効期限つきの金券にすれば、実際に金券を使用する人は半分、というのが目安です。予算に応じて、実施を検討するといいでしょう。

イベントのメリット・デメリット

イベント名	やり方（例）	メリット	デメリット
全員プレゼント	● 記念に残る物を差し上げる	● 世界でひとつの思い出の品になる ● 名入れをすると印象に残る	●「開催月×人数」分のプレゼントを準備するので、かかる予算は最大
福引大会	● くじを引いてもらい有効期限つきの金券に変える	● 公平に盛り上がる ● 金券に有効期限があるので来店サイクル上げにもなる ● 金券を使用する人は半分（予算が総額より少なくて済む）	● 空くじなしでも最下位は金券額も少ない
じゃんけん大会	● じゃんけんでお客様が勝ったら高い商品券、サロン側が勝ったら安い商品券	● 盛り上がる ● サロン側も一緒に参加できる	● 運任せのため予算組が難しい
アルバムづくり	● 一緒に記念写真を撮ってアルバムにする	● 盛り上がる ● モノが残る ● サロン側主導で実施できる	● 嫌がるお客様もいる ● お客様のお得感が薄い

11

既存客に実行すること　再スタート3ヶ月目以降

失客防止・休眠客再来催促ニュースレターDMの発送

オープニングイベントがはじまったらそこでひと安心、ではありません。ここからが、最大のテーマである「失客を限りなくゼロに近づける」ことのスタートです。

再スタートのお知らせは1ヶ月前に全員の方に発送していますが、これはあくまで期待を高めるために送るものので、直後に来店頻度が遅くなるお客様もいることはたしかです。なぜなら価格を改正したからです。

そこで、「もうそろそろサロンに来る時期ですよ！」と上手に来店を促すことが必要になりますが、押し売りのように思われず、自然にご来店いただくのが理想です。ここで、再スタート3ヶ月前から発行してきたニュースレターを活用します。通常はお帰りの際に手渡しするのが基本ですが、再来催促のために、特別に郵送します。

「サロンがこんなに変わったんです！　こんなに皆さまに喜んでいただいています！」など、生のお客様の声を報告して、再来を促しましょう。

◯ニュースレターDMに書くべきこと

①**店長挨拶**　経過をお知らせして「お客様と一緒につくるサロン」をあらためて提唱

②**変わった店内外について**　雰囲気が変わったことを伝える

③**再スタート感謝祭でやっているイベントについて**　皆が参加していることを伝える

④**新メニューのご紹介**　メニュー構成が変わっただけではなく、新メニュー導入という変化を伝える

⑤**新システムのご紹介**　新ポイントカードやメール予約など、お客様にとって得があることをご紹介

⑥**新サービスのご紹介**　たくさんのサービスが増えたことを重視して伝える

⑦**年間のお得なイベントやキャンペーンについて**　今後のイベントやキャンペーンについて伝える（詳しくは6章）

再来催促ニュースレターの見本

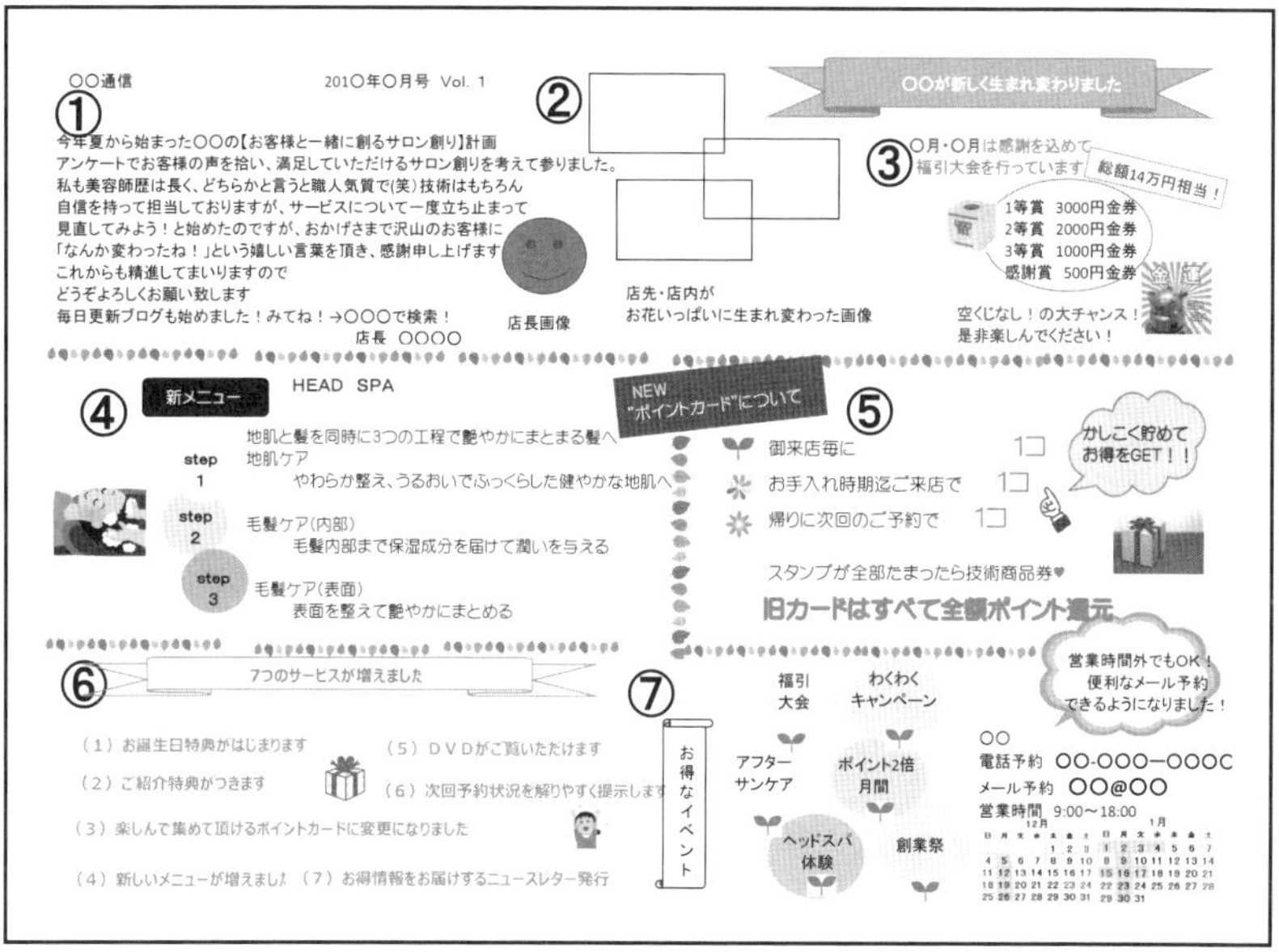

手書きのひと言添え　例文

> ○○様
> すっかり春めいた季節になりました。
> 季節の変わり目、どうぞご自愛くださいませ。
> 店長 ○○

12

新規集客も不可欠

新規客に実行すること　再スタート月

○既存のお客様だけでは限界がある

再スタートでは、できるだけ失客ゼロにし、売上を上げることが目標ですが、いくらサロン側が仕組みづくりをしても、改正後の価格が5000円で、お客様から「財布に2000円しかないので、もう行けないわ〜」と言われたら、仕方ないとあきらめるしかありません。私にも、お客様から面と向かって「恵ちゃんのお店に行きたいけど、年金生活で財布の中に予算がないから行けない。今までカットとカラーだったけど、どっちかを駅前の安い店に行くから、恵ちゃんとこにどちらをやりに行けばいい？」と言われた経験があります。このときは本当に落ち込みました。値上げをした自分が悪人のように思え、何てことをしてしまったんだろうと自分を責めました。

そんな時、私の気持ちを切り替えてくれたのは、既存総客数のうち6割が来てくれるだろうと予想していたのに、実際には8割のお客様が残ってくれたことです。

強く感謝したいのが、新しく集客した新規のお客様の存在でした。新規のお客様は私のことをまったく知らないのに、私の発信したチラシを見て価値をわかってくださり、高単価サロンに来てくれたのです。最終的には再スタートで落とした2割のお客様を新規で埋めることができました。稼働時間いっぱいにまで予約が入り、それ以上お客様を受けることができない状態になり、病で倒れた時のサロン予約状況は新規のキャンセル待ち状態でした。つまり以前と同じ状態を、わずか半年で達成することができたのです。もちろん客数はそれまでより少なくても売上は上がりました。私にとって理想の働き方を実現したのです。

理想の働き方を手に入れるためには、新規集客も欠かせません。価格改正と新規集客はセットと考えて、ぜひ取り組んでください。新規集客については7章で詳しく説明していきます。

既存客対応を続けながら、新規対策にも取り掛かる

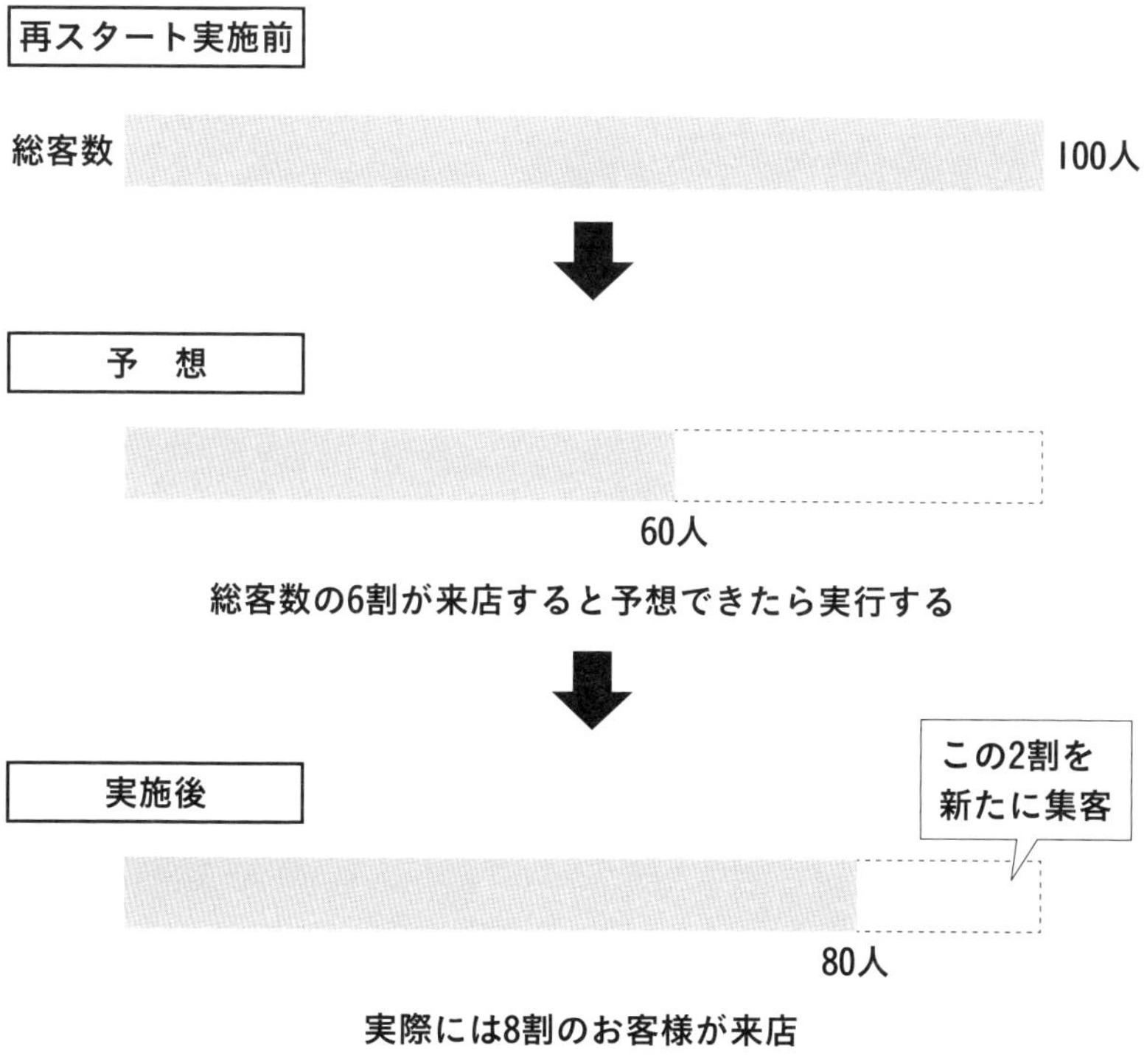

成功の秘訣は半年間のアフターフォロー

6章

1 なぜ、4ヶ月後に数字が下がるのか

これまで多くのサロンの価格改正を実施してきた経験から言えるのは、ほぼ確実に「数字が下がる時期」があるということです。数字が下がる時期とは、188・189ページの行動計画表にも示してあるように、**再スタートして4ヶ月後**です。

○ 4ヶ月後に数字が下がる理由

どうしてかと言うと、再スタートするにあたり、アンケートを取ったり、ご招待状のようなDMを送ったりして期待を高めたことで、再スタート後に一、二度ご来店いただいても、新たに導入したサービスやシステムをお客様にご理解いただけず、価格が上がったことしか印象に残らない、そして、次の来店のタイミングで、お客様が「どうしようかな〜?」と躊躇し、来店頻度が遅くなってしまう――そのタイミングが再スタートから4ヶ月後だからです。

特に、過剰な期待をさせておいてお客様にご納得いただけなかったサロンで発生しがちな重要課題です。

○ 再スタート後に来店したお客様の気持ち

では、ご理解をいただけなかったサロンでは、お客様はどんなことを感じているのでしょうか。

「価格が上がったけど、何のサービスが増えて、どう得なのかよくわからない」

「新システムで何がはじまったのかわからない」

「『サロンが変わります!』と言うけれど、誠意が感じられない」

大抵の場合、こうした3つの疑問を抱いています。

つまり、再スタート後に来店頻度が遅くなりがちなお客様への対策は、この3つの疑問を解決していくことになります。

サロン側は「アンケートも取った、集計結果も掲示した、告知DMも出した」とやり切った感じになり、終わったかのように思いますが、これからが本番です。

どんな方法で説明するかは、順に説明していきます。

お店がどう変わったのか、伝わっているか？

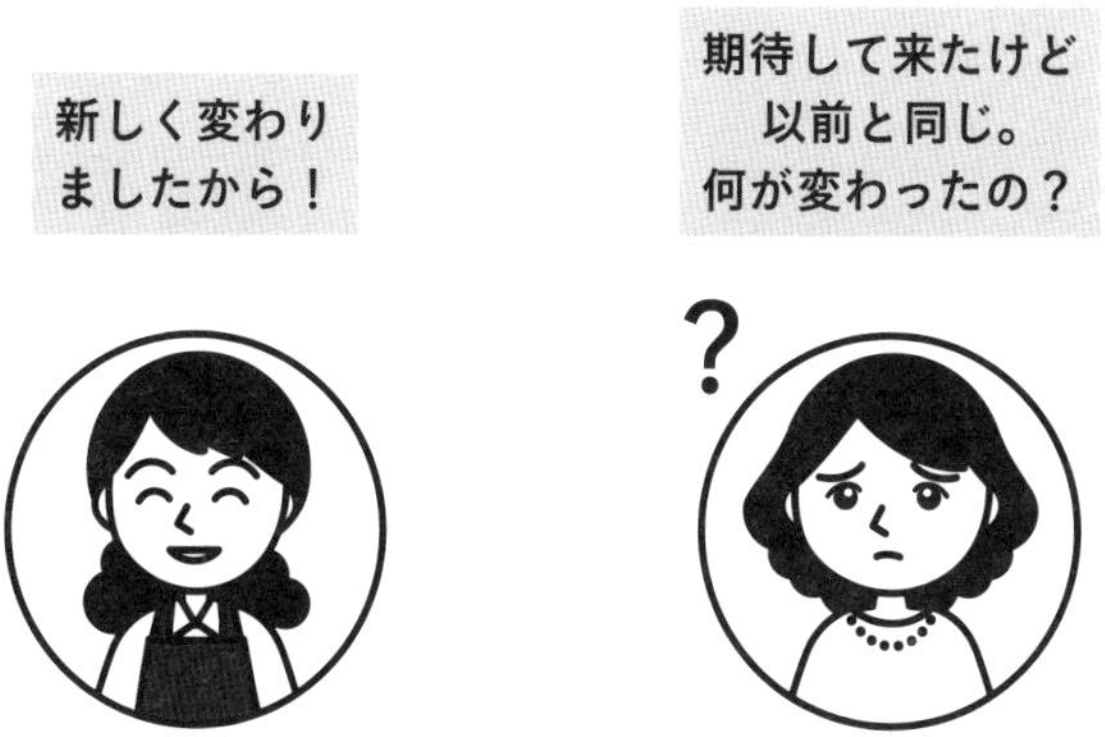
新しく変わりましたから！
期待して来たけど以前と同じ。何が変わったの？
？

「変わったこと」をアピールしなければご理解いただけない

「メニュー構成が変わったから価格が上がった」ことを説明しなければ納得していただけない

⬇

現場が変わらなければ、ご納得いただけない！

- □ お客様への態度
- □ 新サービス・新システムの内容説明
- □ 新メニュー表・付加価値の内容説明
- □ ニュースレターによる情報発信
- □ SNSなどによる店外への情報発信

2 再スタート後、数字が下がる時期への対策

一度もご来店がないお客様に対してすべきこと

再スタート後に一度もご来店がないお客様に対しては、とにかく一度来ていただくように、サロンの様子をDMで知らせます。サロンの雰囲気がどう変わったのか、店内画像や現在開催中のイベントの盛り上がり具合をお伝えしましょう。

特に来店してご満足されたお客様の声はとても有効です。どうしてかと言うと、既存のお客様は、サロンのことをまったく知らないわけではなく、〝変わったことに対して様子見〟している方だからです。だから、サロンの様子お伝えすることで、「本当に変わったんだなぁ～」「他のお客様が行ってるんだから、私も一度行ってみようか」ということになります。

来店頻度が遅くなっているお客様にすべきこと

再スタート後に一度は来たものの、その後の来店が遅くなっているお客様には、ニュースレターをお届けします（128ページ参照）。ニュースレターはお帰りの際に手渡しするのが基本ですが、「新しいニュースレターができました！　今回は特別に郵送いたします！」と手書きでひと言添えて送るのが最適です。

ニュースレターDMを再来催促・失客防止に活用する場合、おひとりに出すのは3回を目安にしてください。DMは押し売りに見られがちで、「1回くらいならいいけど、それ以上は出しにくい」と言われるオーナー様が多いのですが、3回までは出してください。

ブログなどを使って、ネット上でサロンの様子を知っていただく方法もあります。しかし、たまにブログを更新したところで、お客様に「変わった！」と思ってはもらえません。やるのであれば徹底的に、がキーワードです。毎日更新し続けた結果、「他店がやってないことをはじめた！　努力しているんだな～！」「サロンが変わった！」とお客様にご理解いただいて、失客率を3％に抑えたサロンもあります。

再スタート1ヶ月後に郵送し、失客を防止したDM

再スタート後2ヶ月間に一度も来店していないお客様に郵送。
再スタートで「変わったこと」をお知らせし、12人の失客防止に成功

再スタート前総客数：190人
再スタート後10ヶ月の総客数：168人

失客理由　第1位　引っ越しなど生活環境の変化：12人
　　　　　第2位　高齢のお客様が施設に入ったなど：4人
　　　　　第3位　価格改正：6人
総客190人に対して価格改正による失客は6人

客単価2,000円以上の値上げであるにもかかわらず、失客率をわずか3%に食い止めた

3 マンネリ解消！ 成功例多数の年間イベント企画とは

5章まで再スタートについて話を進めてきました。実施後は、お客様に「うちのサロンはこんなに変わったんです！」ということをアピールしなくてはなりません。それには、これまでやっていなかったことにも挑戦して、お客様に変化を感じていただけるような努力も必要になります。

何度も申しますが、失客の原因第一位は〝なんとなく飽きちゃう〟ことで、マンネリ化が原因です。サロン歴が長くなればなるほど、「長年の常連さんはずっと我がサロンのお客様」と思いがちですが、お客様と一緒に四季を感じるようなイベントやキャンペーンを組むことが、マンネリ化の解消、そして失客防止のためには大切です。

イベントやキャンペーンは必ず2ヶ月間続けます。なぜなら、常客（毎月ご来店になる上客ではなく、直近2ヶ月以内にご来店のお客様）を基本に企画を組めば、2ヶ月間ですべての常客に変化を感じていただけるからです。

企画は必ず「毎月1日はじまり」とします。ニュースレターの発行日も毎月1日とすることで、毎月1日からはじまる翌月・翌々月のお得な企画のご案内ができるからです。1ヶ月に1回以上ご来店になるお客様（上客）は、その月に来る可能性よりも、翌月にご来店になる可能性のほうが高いので、翌月以降の企画をお知らせすることが重要なのです。

ちなみに、5章でも少し触れましたが、イベントとはサロン側に利益が出なくともお客様に喜んでいただくために開催し、既存客の固定化＝「失客防止」につなげるものです。一方、キャンペーンとは、サロンの利益を出す（来店サイクルを上げる、客単価を上げる、新規集客）ためにやるものです。

特別な企画がない時期には、通常メニューの強化月間としてお客様に宣伝しましょう。既存のお客様でも知らないメニューは、どのサロンでも必ずあるものです。

イベント企画は常客を基準に組む

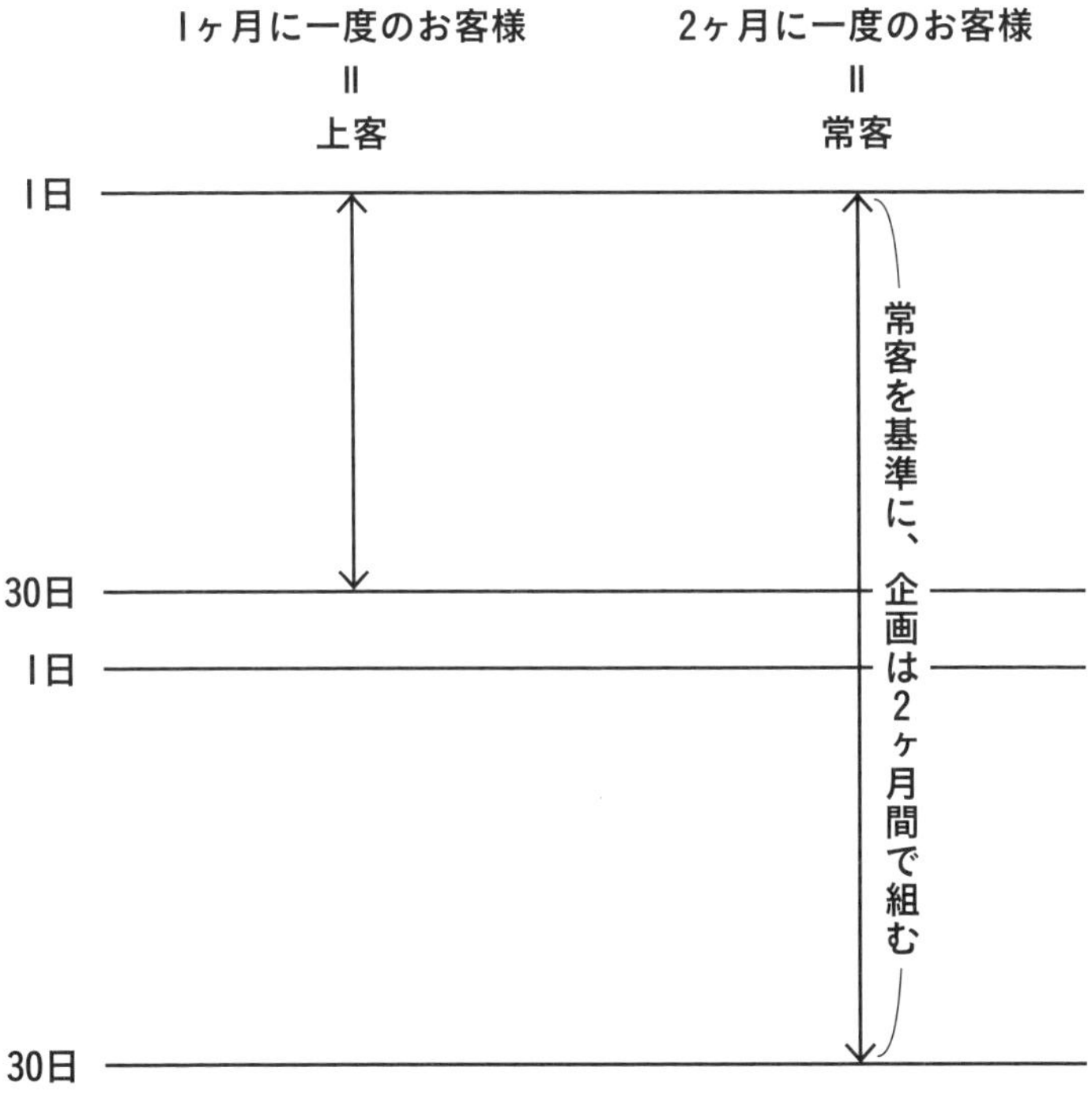

常客を基本に企画を組めば、2ヶ月間実施すると、どのお客様も何か変化を感じる

4 1月・2月は閑散期。閑散期だからこそ来店頻度上げ

理美容サロンは12月に一気にお客様がいらっしゃる繁忙期となり、その反動から1月、2月は寒いことも輪をかけて閑散期となります（美容室で着付けをやっているところなら、成人式以降が閑散期）。閑散期に客数を増やすには、お客様を呼び込むようなイベントを企画しなければなりません。

新春福引大会

年始ならではのイベントとして、1月、2月に新春福引大会を仕掛けるのもいいですね。福引券を引いてもらい、その有効期限を1～2月末までと限定することで、来店サイクルを早めることができます。

12月から来店頻度上げ

その他、年賀状にお年玉ご優待券をつけるサロンもありますが、年賀状はどのサロンでも出しているので、私は他店と差別化するために「年末お礼状」を出していました。クリスマス後から31日まではどのご家庭も慌ただしく、さらにポストに届くのは領収書や請求書ばかりで、お手紙はなかなか目にしません。それを利用し、1年間のお礼とお客様の年表を、年末お礼状という封書ですべてのお客様に送るのです。

お客様の年表は、あらためてつくる必要はありません。「つなぐカルテ」（76ページ）を活用すればいいだけです。この中に誰よりも早いお年玉としてご優待券を入れて、年に一度の感謝を申し上げます。

年末お礼状を送る意味

なぜ年末お礼状をおくるのか？　ひとつは固定化のために感謝の意を表わすこと。もうひとつは、有効期限をつけたご優待券を同封することで、1月、2月の閑散期の来店サイクル上げを図ることです。この効果はてきめんです。「今年もあと少し……」と年末らしさを演出し、お客様にご自身の1年間を振り返っていただきつつ、「こんなに私のことを覚えていてくれたんだ～」と感じていただくことで、〝専属〟であることを再認識していただけるのです。

12〜2月にやるべきこと

	週	やること	ツール作成の準備	予算
12月	1	●ニュースレター発行	●福引キャンペーンの準備 ●ニュースレター1月号の作成（2・3月の告知）	キャンペーン予算、 DM代、 ニュースレター印刷代
	2			
	3	●年末お礼状発送 やる意味 ★★★固定化サービス ★★1、2月の来店頻度上げ		
	4			
1月	1	●ニュースレター発行	●ニュースレター2月号の作成（3・4月の告知）	ニュースレター印刷代
	2			
	3	福引キャンペーン		
	4			
2月	1	●ニュースレター発行 やる意味 ★★★固定化サービス	●ニュースレター3月号の作成（4・5月の告知）	ニュースレター印刷代
	2			
	3			
	4			

5

3月・4月の新学期にこそ、「新しいスタイルへの挑戦」をご提案

3月、4月はイベントでサロンを利用されるお客様が多いはずです。卒業式・入学式・入社式での着付けやセットメイクなど、人生の節目のお手伝いができるのはサロンだからこそですね。

そんな新環境への旅立ちの時こそ、「新しいヘアスタイルへの挑戦」をご提案します。新年度は転勤によるお引越しなど、大きな変化があることでしょう。私の地元愛知県はトヨタ自動車関係の会社が多く、3月下旬になると一気に新しい顔ぶれに総入れ替えがあるほどでした。新規集客と一緒に展開しても、とても有効です。

また大学の近くのサロンでは、3月、4月の季節変化は恒例です。新大学生は4月、入学式に備えて地元のサロンに行きます。その後、まだ慣れない土地でサロンを探すのではなく、5月の連休で里帰りした時に地元のサロンへ行きます。そして次の里帰りはお盆休みになりますが、GWからお盆休みまでは長く、暑くなる時期も重なるので、やっと新環境でのサロン探し――ここから長いおつき合いがはじまるということです。となると、帰省がある大学生の場合はもう少し後に「新しいことへの挑戦をご提案するキャンペーン」を仕掛けることをお勧めします。

●新環境が関係ないお客様にも

1年のうちでお客様が最も変化を楽しむのは、もちろん春です。春は心も開放的にしてくれます。スタイルチェンジなどのご提案を一番しやすいのが春なのです。

ひとりサロンの場合、悩みを解消するスタイルチェンジをテーマにすることをお勧めします。悩んでいる人が落ち着いて悩みを打ち明けることができる環境はひとりサロンだからこそです。いろんなお悩みに対して解消策をご提案することはとても有効です。

たとえばボリュームアップにポイントパーマや新しいカラーのお色の提案、増毛やウィッグの販売、ホームケア商品などをお勧めできるようなキャンペーンを組みます。

2〜4月にやるべきこと

	週	やること	ツール作成の準備	予算
2月	1 2 3 4	●ニュースレター発行	●春のワクワクキャンペーンの準備 ●ニュースレター3月号の作成（4・5月の告知）	キャンペーン予算、ニュースレター印刷代
3月	1 2 3 4	●ニュースレター発行 ↕春のワクワクキャンペーン（3月〜4月）	●ニュースレター4月号の作成（5・6月の告知）	ニュースレター印刷代
4月	1 2 3 4	●ニュースレター発行 やる意味 ★客単価上げ	●ニュースレター5月号の作成（6・7月の告知）	ニュースレター印刷代

6 5月・6月は年に一度の母の日・父の日で感謝

5月、6月は梅雨の時期に重なるため、どのサロンでお聞きしても必ず「ストレートパーマのキャンペーンをします！」と言います。くせ毛の人にとって、梅雨の時期にストレートパーマをかけることは必須だからです。

でも、既存のお客様のためにストレートパーマのキャンペーンをやることは、どれほど重要でしょうか？　どちらかと言えば、ストレートのキャンペーンは新規のお客様のためのキャンペーンです。なぜなら、既存のお客様は、時期がくれば自然にストレートパーマをかけてくださるし、対象者がくせ毛の人と決まっている以上、キャンペーンによってストレートパーマの数を増やすのにも限りがあるからです。

ならば前項でお伝えしたように、3月、4月のワクワクキャンペーンなどでストレートパーマをご紹介したほうが有効だと思います。

●他のサロンがやっていないことを大々的にやる

どのサロンでもやっていることから、いったん離れてみましょう。

5月、6月には母の日・父の日があります。サロン歴が長くなればなるほど、年齢を重ねたお客様が多いはずです。年を重ねたお客様は既婚者が多く、お母さんやお父さんの立場である方が多いはずです。ですから、母の日や父の日は固定化のためのイベントにもってこいです。

父の日や母の日に、私たちのデイリー使いのシャンプーやトリートメントをプレゼントしたり、日頃お疲れのお母様やお父様に癒しのリラクゼーションメニュー券をプレゼントすると、どのサロンでもお客様に非常に喜ばれます。

その他、「定番のお花のプレゼントに飽きたら」などのキャッチフレーズとともに、サロンのプレゼント用ギフト券を販売するのも手です。客単価上げのキャンペーンやご紹介新規集客としても活用できます。

4～6月にやるべきこと

	週	やること	ツール作成の準備	予算
4月	1 2 3 4	●ニュースレター発行	●母の日・父の日キャンペーンの準備 ●ニュースレター5月号の作成（6・7月の告知）	キャンペーン予算、ニュースレター印刷代
5月	1 2 3 4	●ニュースレター発行 やる意味 ★★来店サイクル上げ ★★★固定化サービス 母の日キャンペーン	●ニュースレター6月号の作成（7・8月の告知）	ニュースレター印刷代
6月	1 2 3 4	●ニュースレター発行 やる意味 ★★来店サイクル上げ ★★★固定化サービス 父の日キャンペーン	●ニュースレター7月号の作成（8・9月の告知）	ニュースレター印刷代

7

7月・8月は季節メニュー。年に一度の恒例キャンペーン

夏はどのサロンでも季節商品や季節メニューがよく売れます。暑さが来店頻度を上げることに加え、ボーナス時期も重なり、夏はサロンにとって繁忙期となります。お客様が集まるこの時期に、店販商品や夏だからこそのクレンジング系商品で特別コースなどをつくってみましょう。

◎「夏だからこそ」の特別コースをご案内

あるひとりサロンでは、クレンジング系の特別コース「頭皮の汚れリセットキャンペーン」をメンズ用につくり、ご紹介キャンペーンを開催しました。日頃サロンをご利用になっている奥様からご主人様をご紹介いただくのが狙いです。女性のひとり自宅サロンでは防犯上、男性客はご紹介のみお受けするケースが多いのですが、ご家族からの紹介ほど心強いものはありません。

メニューはとにかく〝負の解消〟が最適です。夏に気になる汗やニオイ、毛穴の汚れなど、自分では気づきにくい部分の解消法は特に男性のお客様から支持をいただけます。悩みごとを打ち明けられるのも、他のお客様がいない環境のひとりサロンだからこそです。

付加価値としてマイクロスコープによる頭皮診断をつけたり、画像を保存しておいて一緒に経過観察すると、他店と差別化ができて、「今通っているなじみのサロンにはないメニューなので、一度行ってみようか」という来店動機ができます。

私も薄毛対策メニューをたくさんご提案してきましたが、ご本人にとってはデリケートなお話なので、何かきっかけとなるようなことを夏のキャンペーンでご案内します。私たちはお医者様ではないので、ご提案するにも限界があります。薄毛でお悩みのお客様に対してサロンができることは、悩みを共有し、予防のためにいろんなことをご提案することだと思っています。画像保存なども薄毛に悩むメンズのお客様にとって安心でき、とても有効な方法です。

6〜8月にやるべきこと

	週	やること	ツール作成の準備	予算
6月	1 2 3 4	●ニュースレター発行	●クレンジング系キャンペーンの準備 ●ニュースレター7月号の作成（8・9月の告知）	キャンペーン予算、ニュースレター印刷代
7月	1 2 3 4	●ニュースレター発行 ↑ クレンジング系ご紹介キャンペーン（7月〜8月）	●ニュースレター8月号の作成（9・10月の告知）	ニュースレター印刷代
8月	1 2 3 4	●ニュースレター発行 やる意味 ★客単価上げ ↓	●ニュースレター9月号の作成（10・11月の告知）	ニュースレター印刷代

8 9月は季節メニューの期間延長で客単価上げを狙う

9月は年によって気温差があるので、お勧めすべきメニューが年ごとに変わります。自分がひとりサロンオーナーの時にはあまり感じなかったことですが、コンサルティング事業をやりはじめ、全国に担当サロンを持つようになって、季節変動をとても強く感じるようになりました。

2014年は9月が全国的にとても暑かったので、7月、8月に開催したクール系のキャンペーン商品がとてもよく売れ、期間を延長したほどでした。どのサロンでも同じ結果でした。

反対に2015年は9月がとても寒く、クール系のキャンペーン商品はどのサロンも前年に比べると落ちました。

売上が落ちたのは、数字を見れば一目瞭然ですが、何よりも7月、8月と毎月やってくださったお客様から「7月、8月はすごく気持ちよかったけど、寒くなってきたからこのメニューは8月までだね！」とストレートなご意見がとても多かったのが印象的でした。

季節メニューを通常メニューにつなげる

2016年の9月は台風の到来で暑くなったり寒くなったりと気温差が大きく、7月、8月のクール系キャンペーンを延長しても、どのサロンも2014年に比べるとあまり伸びませんでした。

こうしたデータを踏まえ、キャンペーン内容はどのサロンでも臨機応変に変えていきます。たとえばクールヘッドスパメニューを9月の期間延長で開催しているとお伝えしながら、「でも今年は冷夏で、クールヘッドスパは寒いかな？　と思いまして……」という流れで「ヘッドスパ」がどんなものなのかをお伝えし、メニューにある通常のヘッドスパの比率を伸ばすことができたひとりサロンも数多くあります。

お客様が体験したことのない通常メニューをご提案するのに、キャンペーン商品がきっかけとなることがあります。

7〜9月にやるべきこと

	週	やること	ツール作成の準備	予算
7月	1	●ニュースレター発行 （クレンジング系キャンペーン）	●ニュースレター8月号の作成（9・10月の告知） ●クレンジング系キャンペーンの準備	キャンペーン予算、ニュースレター印刷代
	2			
	3			
	4			
8月	1	●ニュースレター発行	●ニュースレター9月号の作成（10・11月の告知）	ニュースレター印刷代
	2			
	3	やる意味 ★客単価上げ		
	4			
9月	1	●ニュースレター発行 （期間延長）	●ニュースレター10月号の作成（11・12月の告知）	ニュースレター印刷代
	2			
	3	やる意味 ★客単価上げ		
	4			

9 10月・11月はイベントや得意分野強化月間

10月、11月は季節キャンペーンメニューがつくりにくい季節です。どんどん寒くなっていくので、暖かい時期に比べると購買意欲が上がりにくいのです。しかし最近では、10月のハロウィンイベントの経済効果はバレンタインを上回る勢いとも言われています。これはモノを売る販売業だけではなく、技術接客業にも取り入れていくべきイベントです。

ハロウィンイベントの目的は来店サイクル上げ

ハロウィンの前に「お菓子のつかみ取りなどお楽しみ企画をご準備していますので来てください！」と告知して来店サイクル上げに活用しましょう。

来店サイクル上げとは、「来てからのお楽しみ」のサプライズではなく、必ず告知して来ていただくものです。固定化のためのサービスと間違いやすいのですが、固定化のためのイベントは「来ていただいてからのお楽しみ」で、来店サイクル上げのためのイベントは、お客様に「この企画はメリットがあるから来てください！」と告知することです。

来店サイクル上げイベントは長くやってひとりのお客様に2回特典があっても意味がないので、必ず短期間で、特にハロウィンのような話題性イベントは、2週間～1ヶ月の短期間で開催します。

キャンペーンをやらずに得意分野強化月間

もうひとつ、10月・11月にやっておきたいのが、得意分野強化月間です。秋は春に次いで、スタイルチェンジをお勧めしやすいシーズンです。既存のお客様の中で、あなたのサロンの全メニューを体験している方はわずかなはずですから、この時期に通常メニューをお勧めしてみましょう。

いつもカットだけのお客様にカラーを勧める、いつもパーマだけのお客様にトリートメントを勧める、そうしたご提案を受け入れてもらいやすいのが秋なのです。

9〜11月にやるべきこと

	週	やること	ツール作成の準備	予算
9月	1	●ニュースレター発行	●メニュー紹介強化月間、ハロウィンイベントの準備 ●ニュースレター10月号の作成（11・12月の告知）	強化月間、ハロウィンイベント予算、ニュースレター印刷代
	2			
	3			
	4			
10月	1	●ニュースレター発行 ↕メニュー紹介強化月間（10月1週〜11月4週） ↕ハロウィン（10月1週〜4週） やる意味 ★★来店サイクル上げ ★★★固定化サービス	●ニュースレター11月号の作成（12・1月の告知）	ニュースレター印刷代
	2			
	3			
	4			
11月	1	●ニュースレター発行 やる意味 ★客単価上げ	●ニュースレター12月号の作成（1・2月の告知）	ニュースレター印刷代
	2			
	3			
	4			

10 12月は繁忙期。お客様が集まる時ほど店販商品をご紹介

12月は業界の繁忙期です。ひとりサロンでは、お客様が集中し、時間の確保が難しい時期です。そんな時に客単価上げを目的にキャンペーンなど組んでしまったら、キャンペーンに時間が取られ、お客様をとれなくなってしまうという悪循環も生まれてしまいます。人が集まる時ほど、置いておくだけで売れる、店販商品をお勧めする時です。

12月は年に一度の自分へのご褒美をご提案

最近の経済効果で大きいのが〝自分へのご褒美〟です。癒しサロンの数や働く女性が多くなったこと、シングル志向の女性が増えたことなどによって、年に一度、自分へのご褒美を買う女性が多くなりました。

バレンタインデーでも、昔は女性が愛する男性にチョコをあげていたのが、職場への義理チョコ、親しい友達への友チョコを経て、今は自分用のご褒美チョコが一般的になりました。

こうしたご褒美需要を、サロンでも取り入れましょう。自分へのご褒美店販商品をどうやって売るかと言うと、ストレートに「自分へのご褒美にいかがですか？」というネーミングで、セット商品で売ります。年末福袋として限定数販売で購買意欲を駆り立て、早いサロンでは11月から先行予約を開始します。もちろん購入できるのは12月からです。これは12月の来店サイクル上げにも効果てきめんです。

セット商品は演出次第

このセット商品を先行予約の時点で完売させるサロンが続々と現われています。すべて女性オーナー様のサロンです。

セット商品を売るには、特設商品台を設置し、福袋をどれだけデコレーションできるか、小物（お花やテディベアやハートや風船、天使など）で〝自分へのご褒美感〟をどれだけ演出できるかにかかっています。成功しているサロンでは、女性のお客様が商品台を見た瞬間に「かわいい～」という反応が見られるほどです。

10～12月にやるべきこと

	週	やること	ツール作成の準備	予算
10月	1	●ニュースレター発行	●先行予約受付キャンペーン、福袋販売の準備 ●ニュースレター11月号の作成（12・1月の告知）	キャンペーン予算、ニュースレター印刷代
	2			
	3			
	4			
11月	1	●ニュースレター発行 やる意味 ★客単価上げ 先行予約受付（1〜4週）	●ニュースレター12月号の作成（1・2月の告知）	ニュースレター印刷代
	2			
	3			
	4			
12月	1	●ニュースレター発行 やる意味 ★客単価上げ 福袋販売（1〜4週）	●ニュースレター1月号の作成（3・4月の告知）	ニュースレター印刷代
	2			
	3			
	4			

再スタートを
機に
新規集客も
はじめよう

7 章

1

待つだけではお客様は集まらない。攻める集客とは

これまで既存客のフォローについてお伝えしてきましたが、せっかく生まれ変わるこの機を活かして、新規集客にも着手していきましょう。

ひとりサロンの弱点は立地条件

私はあまり人のことが気にならない性分で、自分がサロン経営をしていた時は、世の中のサロンも皆儲かっているとばかり思っていました。コンサルティング事業をはじめ、売上が上がらなくて困っていらっしゃるサロンオーナー様がこんなにも多いことにびっくりしたほどです。ほとんどのひとりサロンオーナー様が、貸し店舗でも家賃が安いところや小さな店舗を選ばれ、決して立地条件がいいとは言えない場所で開業されています。

店舗付き住宅や自宅サロンでも同じです。店舗付き住宅の場合は商売というよりも生涯の大きな買い物ですので、家族の生活環境や土地予算などを考慮すると郊外を選ぶ人が多く、商売としての立地条件はさらに悪くなります。

売上が立地条件に比例することを知ったのも、多くのひとりサロンの数字を見るようになってからです。通りが一本中に入っただけで、数字の伸び率が変わります。ということは、待っているだけではお客様は集まらないことは明確です。

"隠れ家サロン"は演出。本当に隠れてはいけない

私のサロンの外観は真っ黒で、隠れ家風に建物を演出しています。サロンのドアを常に施錠し、お客様がいらっしゃった時だけ開けるのは、セキュリティー対策でもあり、演出でもあります（突然訪問されるお客様は、サロンワーク中に倒れてそのままサロンを閉めるまでの4年間で数えるほどしかいませんでしたが）。

ではどうやって集客していたのか？　隠れ家風に演出してはいても、隠れ家としてじっとお客様を待っているわけではなく、こちらから攻める集客をしてきたからこそ、繁盛サロンになったのです。次の項目から、詳しくご説明していきます。

「サロンK」の外観

外観は真っ黒で、隠れ家風に建物を演出

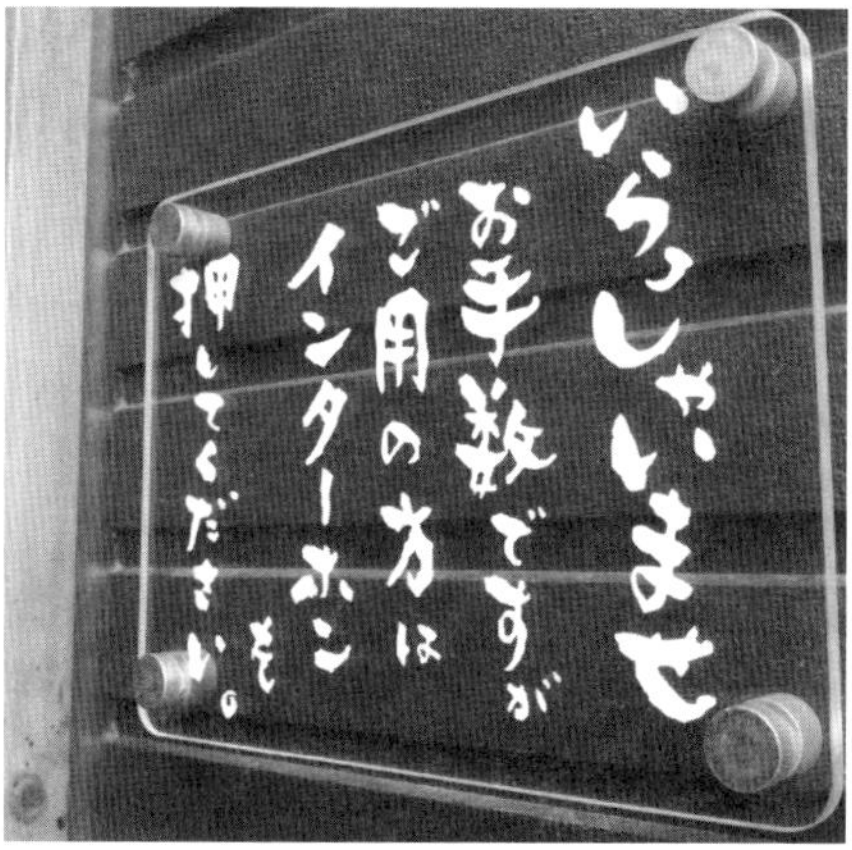

お客様がいらっしゃった時だけドアを開けるのも、
ひとりサロンならではの演出

2 新規集客の5つの誘導口

「新規集客」とは、何をすることだと思いますか？　こう聞くと、多くのオーナー様は「チラシです」と答えます。しかし残念なことに、自店のチラシをつくったことがないと言われるオーナー様がほとんどです。

これは何を意味しているのでしょうか？　ひとりサロンは、稼働時間いっぱいまでお客様が来られたら、集客する必要はありません。もちろん稼働時間いっぱいのサロンは断然少ないのですが、そこまでの客数ではなくても、長く経営していればお客様は少しずつ増えてくるものです。だから、利益はさほどないけれど、何とか経営している。この現状を何とか変えなくてはいけないと思っていても、どうやって変えたらいいのかわからない。そんなサロンが多いのです。

●新規集客誘導口は5つ

新規集客するためには、サロンの魅力を外に発信しなくてはなりません。具体的には次の5つに取り組んでみましょう。

---

①ご紹介　何よりも早く確実にお客様に伝わる方法です。「安心」という太鼓判が押してあるので、定着率もナンバーワンです。

②外看板　立地条件にもよりますが、ひとりサロンではスタッフがいない分、外に1人のスタッフを置いておくと捉えましょう。

③紙（チラシ）　サロン経営には必ず商圏があり、「近くだから」という理由で通うお客様が多くいらっしゃいます。そうした方には折り込みチラシやポスティングなどの紙媒体でアプローチするのが最適です。

④ネット　インターネットが普及して、情報を発信するツールも多くなりました。もう今となってはインターネット上に情報がないことのほうが問題です。

⑤他媒体　検索サイトや街のフリーペーパーなど、自店で宣伝するのではなく、他媒体経由で宣伝してもらうものです。

それぞれの詳細は次項からお伝えしていきます。

新規集客・5つの誘導口

①ご紹介

②外看板

③紙（チラシ）

④ネット

⑤他媒体

3 口コミ連動紹介キャンペーンは既存客を固定化してから

「ご紹介」は新規集客、そして生涯客づくりに欠かせない誘導方法です。何よりお金がかからないのがいい点です。

今回の再スタートでは、まずは既存客の失客防止が最優先課題ですので、既存のお客様に再スタート後の自店をご理解いただいてから、ご紹介による新規集客を仕掛けます。

一番ご理解いただかなければならないことは、新価格表です。既存客が間違えて旧料金で説明し、新規でいらっしゃった方に「あれ〜、聞いていた金額と違う?」と思われてしまったら大変なことになります。サービスが変わったことを既存のお客様に喜んでいただけるのはとてもいいことですが、情報は間違いなく伝わるようにしなくてはなりません。

○ご紹介特典も発信しなければ活用できない

ご紹介特典をつくることは前項でお伝えしましたが、よくやりがちなのが「施術料金○%値引き」という方法です。82ページでもお伝えしたように、ご紹介の場合、メニューも違えば割引率も変わってくるので、特典として同額を値引きすることをお勧めしています。なぜなら、そのお2人の関係性がわからないからです。

割引券だけをお渡ししてご紹介をお願いするサロンもありますが、既存のお客様でも、まだあなたのサロンの魅力を知らないことがたくさんあると思うので、サロンリーフレットも一緒にお渡しするようにしましょう。

○どんな方をご紹介いただきたいかを明確に伝える

ご紹介を依頼するときには、当たり前のことですが、頭を下げてお願いしてください。頭を下げるという行為は、簡単なようでいてなかなかしづらいものですが、それがご紹介集客の肝です。

ご紹介が月に10名を超えるサロンではどんなことをしているかというと、強みメニューとターゲットを定めてお願いし、専用のリーフレットも使い分けてお渡ししています（左ページ参照）。

「薄毛対策メニュー」が売りのサロンでの紹介の依頼の仕方

薄毛でお困りの方は
いらっしゃいませんか？

そうね〜？？

そう言えば！
Aさん困ってたわ〜

当店ではマイクロスコープで頭皮診断したり、
他のサロンではやっていない
薄毛対策のメニューがいっぱいあるんです！
(※強みメニューを紹介)
ぜひそのA様をご紹介ください！
(※ご紹介者を指定する)

専用のリーフレットを渡す

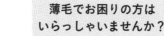

4 外看板は敏腕営業マン

先ほどもお伝えしたように、ひとりサロンのオーナー様は「隠れ家風にやりたい！」という理由で、外から中の様子が伺えない設計にしているサロンが多くあります。自宅サロンであればなおさらです。

これでは通行人の新規集客につながりませんので、外に向かって看板で自店をアピールしなければなりません。

では、お客様は外看板のどんなところを来店動機にするでしょうか。

●書く内容は、まずは「安心」を一番に

あなたならまったく知らないサロンのドアを開けるときに勇気がいりませんか？　なぜ勇気が必要なのかといえば、ドアを開けてみないとどんなお店かわからないからです。それでよくあるのが、メニュー表を看板に載せるケースです。「普通の料金ですからご安心ください」という意図で、どのサロンもやっていることでしょう。料金も大事な要素ですが、それだけでは「安心」は伝わりません。

「どんなお店？」「どんな人がやってるの？」を外看板で伝えましょう。

これまで、値上げした分の付加価値をお客様にご理解いただきましょうとお伝えしてきましたが、外看板も同様に考えてください。高料金のメニューを羅列しただけでは、サロンの魅力を知らないお客様にとって、ただの「高いサロン」になってしまいます。価格帯を書くのであれば、どんな付加価値があってその料金なのかを説明することが不可欠です。限られたスペースなので、まずはひとりサロンだからこその価値を発信してください。

●外看板をつける位置

看板の形状はどうであっても構いません。まずは設置する位置が重要です。

サロン前を通るお客様がわざわざサロン正面に目を向けなくても目に入るように、お客様の進行方向に看板を配置しなければなりません。

外看板は「安心」を売るもの

※女性客が好きそうなお花やキレイなモノ可愛いものでインパクトを付ける
チラシは枠からはみ出すように入れる（箱を小さくするか、チラシを大きくするか→取りやすくするため）
※人は矢印に反応しやすい
リーフレット
リーフBOX
キレイになるチケットです
ご自由にお持ちください！
Hair＆Style Kは　たった1席の　小さな　貸し切りサロンです
理美容師免許を持ったスタイリストがすべて1人で担当します
ネットへのリンクも必ず忘れずに！
Hair＆Style K　完全予約制　(0562)-444-555
お気軽にお問い合わせください

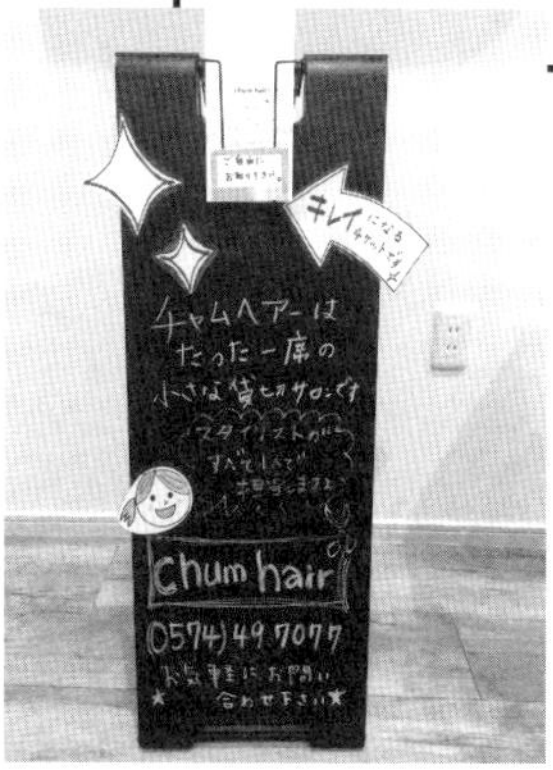
chum hair
(0574)49-7077

※店内の様子やスタイリストの写真（とびっきりの笑顔・施術場面）などお客様の不安を解消するためにわかりやすい画像やイラストをつける（手書きが有効）

5 リーフレットはご案内書。集客用のチラシをつくろう

リーフレットはパンフレットとどう違うんですか？

とよく聞かれます。パンフレットが何枚も綴りになっている小冊子のことを指すのに対して、リーフレットはA4サイズ1枚を3つ折りにしたものです。

形状は違えど、内容はどちらも同じサロン案内のことです。しかし、サロンのメニューと価格を羅列しただけでは、集客はできません。あなたのサロンの魅力を書いてください。あなたのサロンをお客様に向かって説明してください。

こうお伝えすると、ひとりサロンのオーナー様からは、こんな答えが返ってきます。

「カラーやパーマをすると髪が傷むと思っていませんか？　当店では、薬剤で髪を痛めることはしません。染めるほどに美しく！『いつもキレイね！』をめざしています！　リビングのようにリラックスできます。忙しい女性の皆様にちょっとでもゆっくり過ごしてもらえれば嬉しいです」（K主宰マンツーマン相談型勉強会ヒアリングシートより）

ほとんどの方が同じような回答です。お客様を想う気持ち・自店の想いがとても強く表現されています。きっと一所懸命考えてくださったのでしょう。しかし、この宣伝で本当にお客様を集めることができるでしょうか？残念ながら答えはＮＯです。多くのサロンにあてはまる内容だからです。

自店の強み探し

サロン経営の中で強みの細分化をしてみると、大きく次の4つに分けられます。

①技術、②商材、③サロン店内外（サービスなど）、④技術者

まず左側のワークシートの4つの枠を埋めてください。次にそこから「ナンバーワン＝一番であること」「オンリーワン＝自店しかやっていないこと」「ファーストワン＝初であること」を探します。

自店の強みを探そう

①技術（具体的に）

- 理容技術（スポーツ刈りのような清潔感のある技法から、ワックスで仕上げる無造作ヘアまで）、美容技術（ベリーショートから日本髪まで）を使い分けて提案することができる
- 薄毛でお困りの方に、結んで増やす“大人のつけ毛”（増毛）やウイッグなど、生涯、ヘアスタイルで悩むことがないようにできる
- お顔そりエステができる

②商材（具体的に）

- カラーには必ずアルカリ除去剤を使用。はじめから髪が傷むようなハイブリーチや強いパーマはお断りしている
- パーマ剤は化粧品登録◯◯を使用
- 長時間、座ることが困難な方には短時間で染まる◯◯カラーを提案

③店内外（サービスなど）（具体的に）

- 日常では絶対に味わえないような静かな“あなただけの癒しの空間”を提供することができる
- 完全予約制で、予約時間に遅れることはない
- お出迎えからお見送りまですべて１人で担当している
- 朝8：30から夜22：00まで営業

④技術者（具体的に）

- スタイリストは日本毛髪科学協会 毛髪診断士認定指導師を愛知県ではじめて取得。協会には皮膚科医師、薬剤師も所属していて、どんな髪の悩みにもお答えできる
- スタイリストは美容師免許だけでなく、理容店で修業し、理容師免許も取得
- カットコンクールで優勝経験がある
- 海外留学の経験がある

書き出したら
ナンバーワン　＜一番＞
オンリーワン　＜自店だけ＞
ファーストワン＜初＞　　　を探してみる

6

HPにたどり着くための道案内ブログ

ネットを使った集客をするのなら、自店のホームページ（HP）があることが大前提です。今やサロンのHPは「あって当たり前」のものとなりました。

サロンHPをお客様が見る順番

ネットで検索してHPがヒットした時に、お客様はどのページをどんな順番で見るのか？　クーポンハンターを除くと、たいていの人は「ホーム」（トップページ）から入り、「自分がやりたいメニューはいくらくらいのお店なんだろう？」と「メニュー」のページに移ります。その後は「どんな人がやってるお店なんだろう？」と「スタッフ紹介」のページを見ます。そして、どんなサロンかをもっと知りたい場合は「詳細情報ページ」を見て、最後に「来店してもいいかな」と思ったら「店舗の詳細案内」や「予約」を押すという順番です。

ということは、紙でもネットでも以上の情報は必ずなければならないことになります。紙に比べてネットのいいところは、WEBページをどこまでも増やせることですが、ページを増やした分、集客できるわけではありません。お客様は基本的に手間を嫌うもので、ワンクリックすることすら、面倒くさがるからです。

ブログは個を発信するための大切な道案内

注目していただきたいのは、お客様はメニューと料金の次に「どんな人がやっているお店なんだろう？」と気にするということです。自己紹介画像と簡単なプロフィールは必須ですが、それだけでは足りません。私たちの仕事はお客様の身体の一部を直接触るデリケートな仕事ですから、「この人になら任せても大丈夫」と安心していただくための情報を惜しみなく提供しましょう。

ブログは個を発信するのに適したツールです。私の担当するサロンで、毎日ブログを更新し続けて60人以上を集客した例もあります。ブログ単体でヒットさせるというよりも、「HP⇕ブログ」「フェイスブック・ツイッター・インスタグラム⇕ブログ」と連動させて予約につなげましょう。

ご予約に至るまでの道筋

このページでサロンの魅力を最大限に発信する

ホーム
↓
メニュー　「カット（自分がやりたいメニュー）はいくらくらいでできるんだろう？」
↓
スタッフ紹介　「どんな人が担当してくれるんだろう？」
↓
店舗案内　　個を発信するブログ
↓
予約

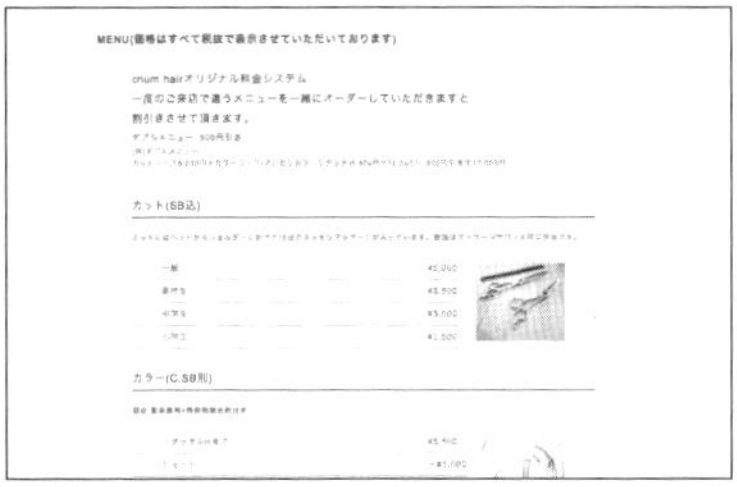

7 ブログは書くことがある時だけ書くものではない

ブログは「個」を発信するのに非常に適したツールなので、書くことをお勧めしていますが、それと同時に書くことの大変さも十分わかっています。なぜなら、私が4年近く毎日更新し続けている張本人だからです。

大変ではありますが、書いているからこそ、ブログが集客ツールになることを実証もしています。

ブログで発信すべきこと

ひとりサロンを好んで探すお客様は、「個」につくお客様と言えます。担当者が変わることがないからです。だからこそ、無料の媒体を使って、自分がどんな人物なのか、「個」を発信してください。

ただし、発信する内容には注意が必要です。「ブログを書きましょう!」というと、おいしいものを食べに行ったことを書く方が非常に多いのですが、集客用のブログなら「プライベート記事:3、サロン記事:7」の割合が最適です。すると「プライベート記事は書けるけれど、サロン記事は何を書いたらいいのかわからない」と言われる方が多くいます。お客様がその記事を読んで「この人に担当してもらえば自分にメリットがある!」と思って行動するような記事を書きましょう。サロンワークの様子や得意分野・強みなどサロンの魅力です。

①読んだお客様が「このサロンに行くと自分にメリットがある!」と思えることを入れる

②必ず画像を入れる

③タイトルは13文字が最適

④20分以内に書ける記事でかく

⑤読んだ人が不快にならないことを書く

サロン経営者は職人肌の方が多く、やりはじめるとこだわりすぎて長文になり、長続きしないとのデータ結果もあります。継続して続けることが一番の課題です。

新規のお客様の記事をすぐにアップするのは控えましょう。新規のお客様はどう感じたかまだわかりませんので、その日のうちに書くことはお勧めできません。画像などを使う場合は必ずお客様に許可をもらってください。

ブログで自分のこと・サロンのことを知ってもらう

8 他媒体を使うことは悪ではない

他媒体とは、他の宣伝広告に掲載料を支払って載せてもらうこと、検索サイトや街のフリーペーパーなどを指します。

検索サイト

検索サイトはどのひとりサロンオーナー様にもあまり好まれません。理由の第1位はやはり「掲載料の負担」。第2位は「値引きしなければならない」でした。クーポンのイメージが強過ぎて嫌うオーナー様が多いようです。実際に検討してみてやめた方から聞くのは、「安売り競争に巻き込まれるだけ」という愚痴です。他媒体で宣伝するのだから、自店の自由な宣伝方法を許してもらえるわけがなく、クーポン提供が必須条件となっているのは仕方のないことでしょう。

大手検索サイトをやっていたもののやめてしまった理由のトップは「新規の定着率の悪さ」です。私が支援しているサロンの中には大手検索サイトに掲載しているお店もありますが、メンズ集客に特化し、定着率60％を達成したひとりサロンもあります。多くのサロンの中で独特化することこそ、重要となります。

フリーペーパー

私の経験では、フリーペーパーに1回掲載しただけで高い数字を出すことはできませんでしたが、年間契約をして、1年間で費用対効果を見ると、利益は決して悪くはありませんでした。

多くの方は「試しに1回やってみよう！」とチャレンジしてみて、思うように結果が出ずに1回きりで終わる、こうしたケースが多いようです。何にでも言えることですが、結果を出すにはある程度の継続が必要です。「集客」という目的を達成するためには、まずは「認知度を高める」ことからはじめる必要があります。いろんなものを試してみて、来ないからすぐやめてしまったというケースを今までたくさん見てきました。ひとりサロンでは資金力が限られているので、費用を使いたくない理由はよくわかるのですが、宣伝には一定の継続が欠かせません。

フリーペーパーで集客に成功した例

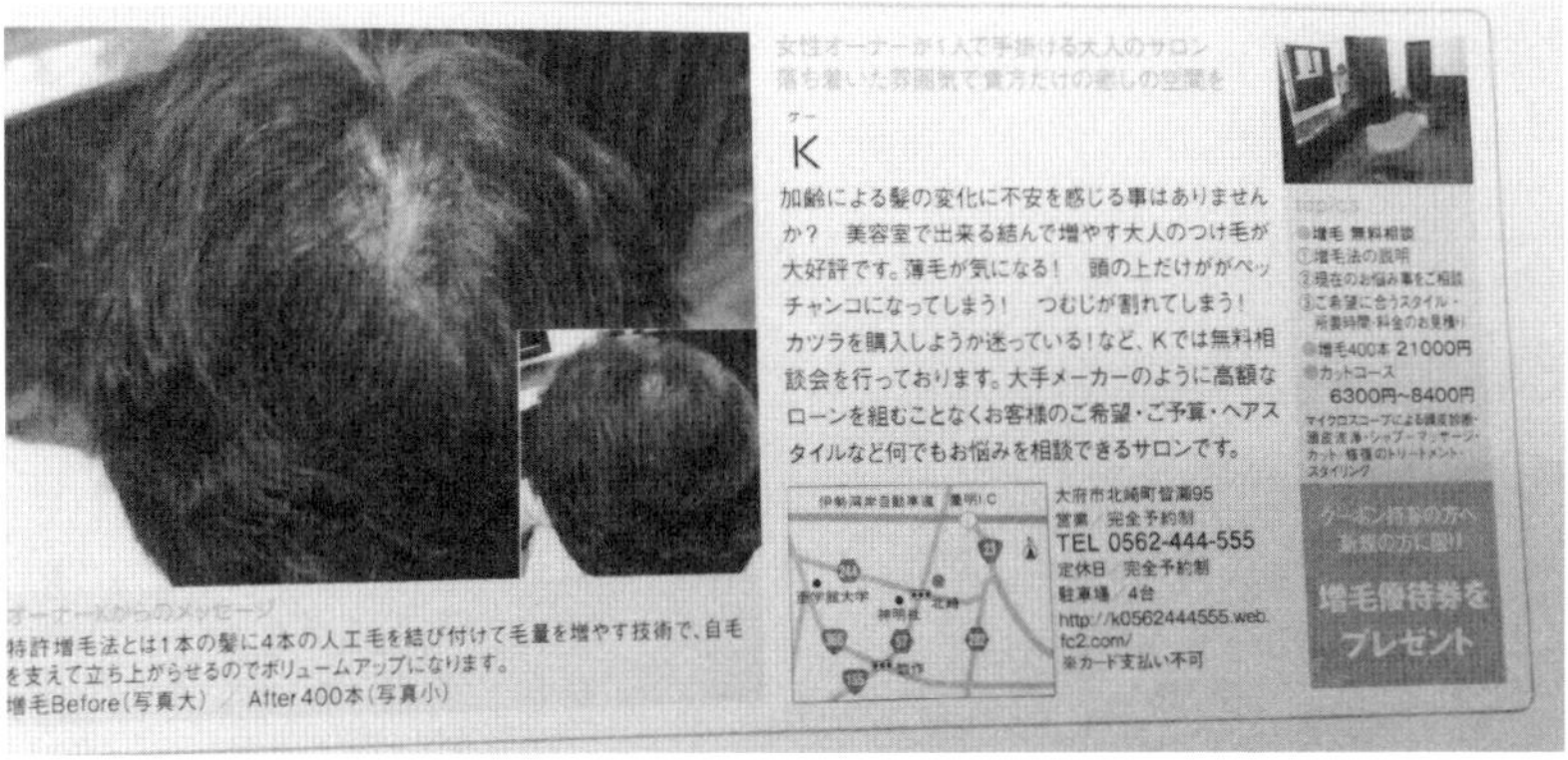

実際に私が1年間掲載していたサロン所在地近郊のフリーペーパー。増毛という特殊メニューで掲載したサロンは当店のみ。多くのサロンがカラーやパーマ料金のクーポンやトリートメント無料のクーポンなど、クーポンを必ずつけていたのに対して、私は「次回のご優待券」（次につながるご優待券）を差し上げて新規の定着率を上げていた。競合店がない分、費用対効果が高かった（女性定着率70％　男性定着率90％）

価格改正・成功物語

8章

1 はじめての勉強会で割引を止めることを決断

最終章では、実際に再スタートを実施した名古屋市のひとりサロン、インスタイル（旧店名クルーズ）様の成功物語をお伝えしていきます。

インスタイル様とは、「近隣競合店が多く、少しでも客離れを防ぐために仕方なく値引きをしてきたが、いくら働いても売上にならないので、価格改正をしたい。失客するのが怖くて、今まで勇気がなかった」と、どのオーナーさんも共感できるご相談からはじまりました。

基本カット料金が３５００円で、２ヶ月以内にご来店の場合は２７００円（税込）。その他のメニューは、２ヶ月以内であれば20％オフ、３ヶ月以内のご来店で10％オフというサービスを提供されていました。

◯ どういうサロンにしたいですか？

「親子で通えるサロン。友達同士で気軽に通えるサロン」。はじめに私がお聞きした「どういうサロンにしたいですか？」との質問に、このように答えられました。

「そうなるために、どうしたらいいと思いますか？」という問いには、「紹介客を増やす」。「そのために一定期間、チラシで親子割引や家族割引をする」という答えが返ってきました。

サロン歴は25年。元は理容室だったのを美容室に変えており、老朽化が進んで新店のような新しさで売ることはできませんでした。

その結果、値引きで集客するしかないという発想から離れることができませんでした。

そうした値引きありきの考えから、「ひとりサロンだからこその価値で人を集める」考えへと見直すことから再スタートがはじまったのです。

「今まで何度も再生したいと思っていたのですが、なかなか勇気が出ませんでした。書籍を読んでも大型サロンの成功事例ばかりでしたが、資金力のない小さなサロンの経営戦略は価値を売ることだと、ついに理解するに至りました。迫田先生と一緒にがんばりたいと思います！」

オーナー様のそんな決意から、挑戦がはじまりました。

再スタート前に提供していたサービス

2015年4月7日

●2ヶ月以内の来店　カット2,500円OFF
　　　　　　　　　カラー・その他20%OFF
●3ヶ月以内の来店　すべて10%OFF

↓

「値引き」で人を集めるのではなく、
「ひとりサロンだからこそ提供できる価値で人を集める」ことを決意

現状数字（2015年7月当時）		理想数字（1年後）	
●客単価	7,415円	●客単価	10,000円
●客サイクル	約90日	●客サイクル	約90日
●客数	67人	●客数	100人
●技術売上	496,805円	●技術売上	1,000,000円

▶1章1 理想の働き方を考える（16ページ）

2 サロンコンセプトを明確にする

まずはサロンコンセプトを明確にするために、自店を見直すワークに取り組みました。自店だからこその価値を入れながら、強みを探していきます。

○ 3つの分野で強みを探す

【技術・商材】

①ダメージの少ない縮毛矯正とデジタルパーマ、②ヘナ、③髪の状態に合わせて塗り分けられる縮毛矯正の薬剤、④通常のアルカリカラーよりも三分の一のダメージで染まるカラー剤、⑤理美容技術を使い分けてご提案できる

【サロン店内外】

①アットホームで髪の悩みも話しやすい、②忙しく時間のない方も手早く仕上げることができる、③バリアフリーの店内

【スタイリスト個人】

①縮毛矯正をするための前準備の髪の分析力が高い、②お客様を疲れさせない早いカット技法、③楽しい時間を提案することができる（本人回答より）

続いて、ひとりサロンだからこその強みと自店の強みを融合していきます。

①くせ毛で悩んでいる方に、他のお客様に会うことがないひとりサロンだからこそ、誰にも打ち明けられなかった自分の悩みを共有でき、施術に長い時間がかかる縮毛矯正も、退屈することなく過ごしていただける（対策：完全予約制・施術時間を楽しんでいただくために、テレビやいろんなジャンルの本・美容にいいお茶でおもてなしができる）

②忙しい方でも有効に時間を使うことができる（対策：お急ぎカットコースを設定）

③店内は施術イス一脚でお客様1人、スタイリスト1人の小さな空間なので、席の移動の煩わしさがなく、その場でカットからシャンプーまですべてできる。遠慮なく過ごしていただける（対策：理容室設計を取り入れた移動式シャンプー台を導入。トイレ・玄関バリアフリー）

自分で考えた「自店の強み」

2015年5月26日

【技術・商材】
①ダメージの少ない縮毛矯正とデジタルパーマ
②ヘナ
③髪の状態に合わせて塗り分けられる縮毛矯正の薬剤
④通常のアルカリカラーよりも三分の一のダメージで染まるカラー剤
⑤理美容技術を使い分けてのご提案

【サロン店内外】
①アットホームで髪の悩みも話しやすいサロン
②忙しく時間のない方も手早く仕上げることができる
③バリアフリーの店内

【スタイリスト個人】
①縮毛矯正をするための前準備の髪の分析力が高い
②お客様を疲れさせない早いカット技法
③楽しい時間を提案することができる

↓

「ひとりサロンだからこその強み」と「自店の強み」を融合

①他のお客様に会うことがないひとりサロンだからこそ、誰にも言えなかった自分の悩み（くせ毛）を打ち明けることができる。長時間施術の縮毛矯正も、退屈することなく過ごしていただける（対策：完全予約制・施術時間を楽しんでいただくためにテレビやいろんなジャンルの本・美容にいいお茶などでおもてなしができる）
②忙しく時間のない方でも、有効に時間を使うことができる（対策：お急ぎカットコースを設定）
③店内は施術イス一脚でお客様1人、スタイリスト1人だけの小さな空間。席の移動のわずらわしさがなく、その場でカットからシャンプーまですべてできる。遠慮なく過ごすことができる（対策：理容室設計を取り入れた移動式シャンプー台を導入。トイレ・玄関はバリアフリー）

▶1章3 お金をかける必要はない。こだわりも極めれば売りになる（20ページ）

3 行動計画表に沿ってアンケート開始

まず、いつから再スタートするか、そして着地点を決めます。このサロン様は新年度に合わせ4月に実行することを決めて、5ヶ月でできる行動計画表に沿ってお客様アンケートから開始しました。

アンケートでのお客様からのご要望は、今まで値引き、値引きでやってきたため「値引きをこのまま続けて欲しい」「今のままで変わらなくてもいい」など、多くのお客様が「変わって欲しい」より、「このままでいい」「安いからいい」など、現状を肯定する意見でした。

この結果に、オーナー様は実行するかどうかを悩みました。お客様から「あなたのお店には、安いから行くのよ〜」と言われてるような気がして、「この価格改正でどのくらい失客するか、だんだん怖くなってきた」と躊躇しはじめたのです。

○カルテ仕分けと大きな決断

最終ジャッジは、カルテ仕分けです。旧価格と新価格、新しく導入するサービスやシステムなどを念頭に置いて、お客様全員のカルテを3秒で「来る／来ない」に分けます。

サロン歴25年のベテランサロンです。もちろん年金暮らしのお客様も大勢いらっしゃるサロンですが、今まで築き上げてきたお客様との信頼関係も加味し、最終的に、既存客の6割の人がこのままご来店くださると判断しました。合格ラインです。

しかし、このオーナー様は、新たな大きな決断をされたのです。「お客様の声をはじめていただいて、こんなにたくさんのお客様に支えられて25年間やってこられたことに、あらためて感謝です。価格やサービス、システムを変えるだけではなく、年齢を重ねたお客様のためにも、これから年を重ねるお客様のためにも、もっとバリアフリー化をしたい。この機会に店舗改装も一緒にします」

実際にいただいたアンケート結果

2015年11月1日〜12月31日

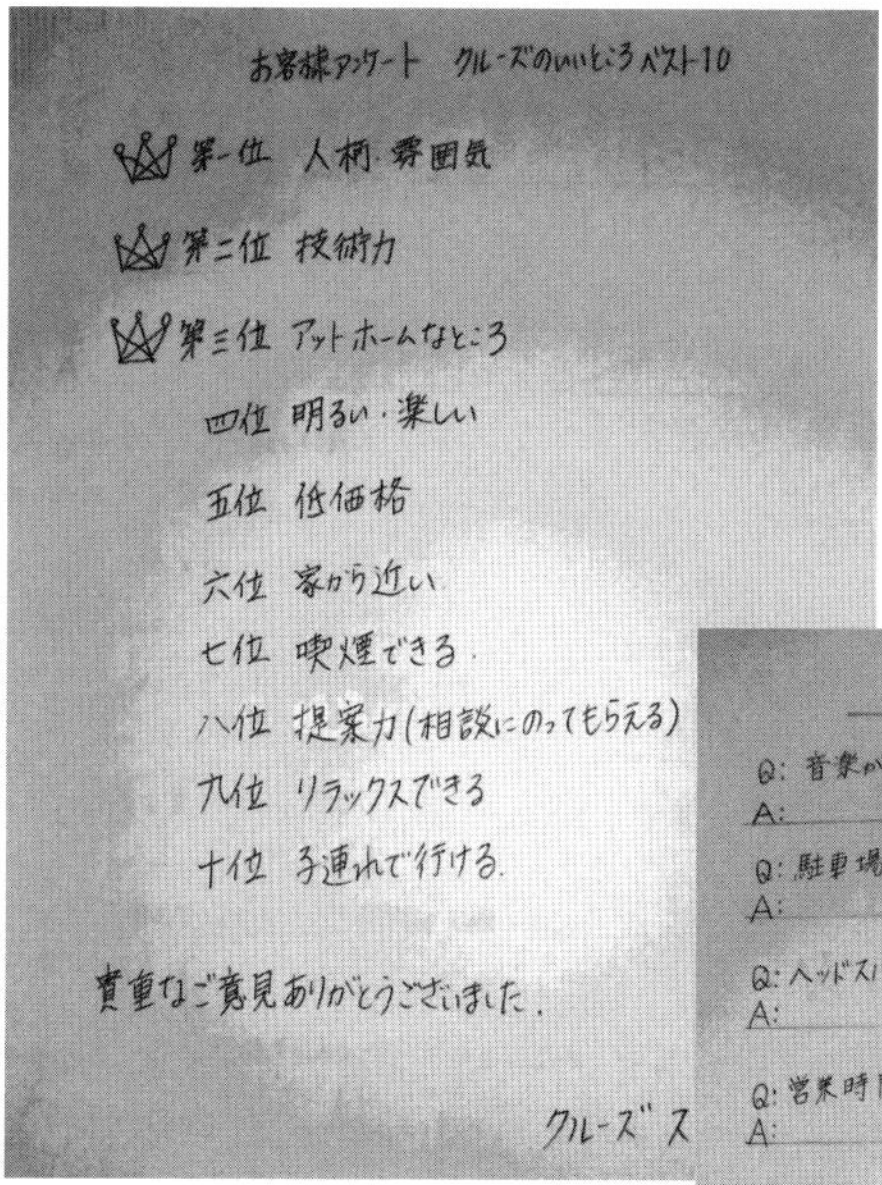
お客様アンケート　クルーズのいいところベスト10

第一位　人柄・雰囲気

第二位　技術力

第三位　アットホームなところ

四位　明るい・楽しい

五位　低価格

六位　家から近い

七位　喫煙できる

八位　提案力(相談にのってもらえる)

九位　リラックスできる

十位　子連れで行ける

貴重なご意見ありがとうございました。

クルーズス

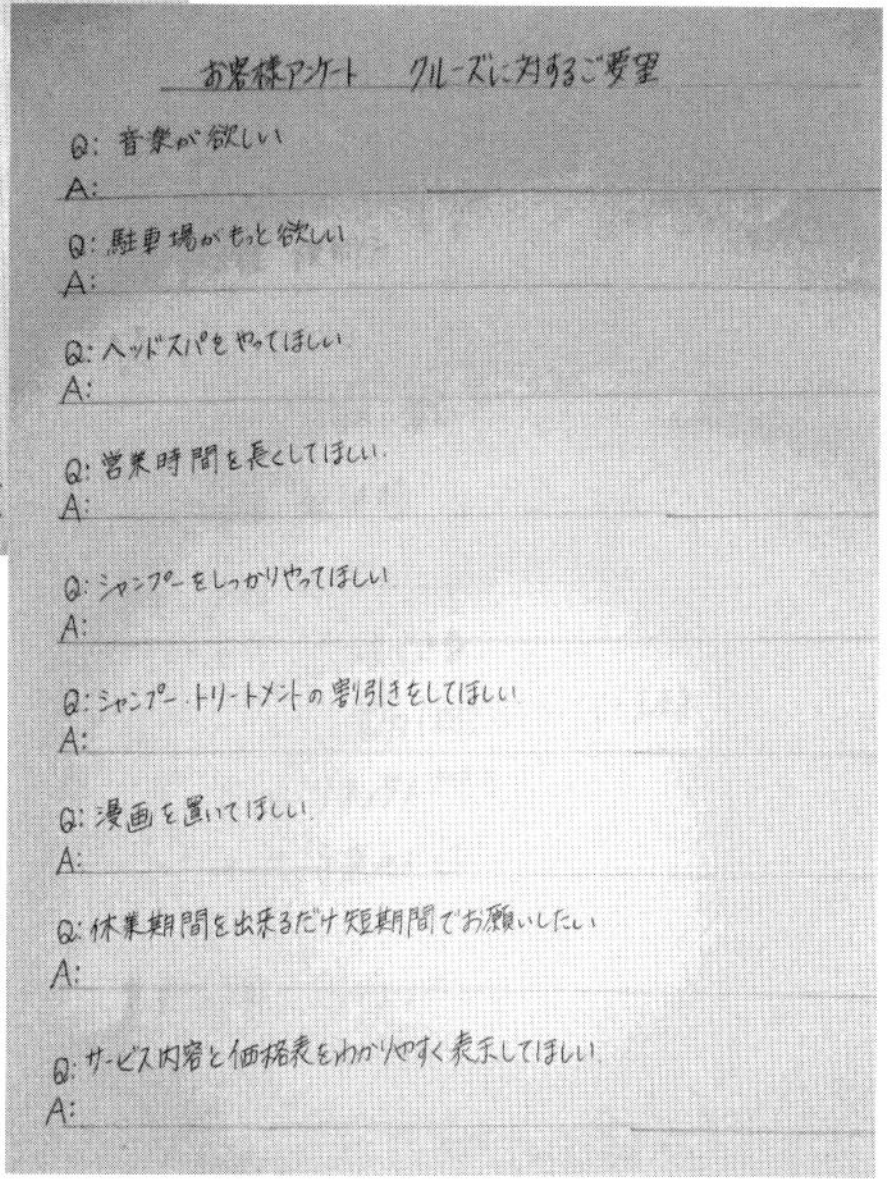
お客様アンケート　クルーズに対するご要望

Q: 音楽が欲しい
A:

Q: 駐車場がもっと欲しい
A:

Q: ヘッドスパをやってほしい
A:

Q: 営業時間を長くしてほしい
A:

Q: シャンプーをしっかりやってほしい
A:

Q: シャンプー・トリートメントの割引きをしてほしい
A:

Q: 漫画を置いてほしい
A:

Q: 休業期間を出来るだけ短期間でお願いしたい
A:

Q: サービス内容と価格表をわかりやすく表示してほしい
A:

▶5章1 なぜ、アンケートを取るのか？（110ページ）

4 旧メニューと新メニューを比較

○必ず付加価値を入れて新メニュー構成

このサロンの強みであるスピードをメインメニュー（カット）に入れ、2コース用意しました。

40分以内で仕上げるスピードを付加価値に、ターゲットをお急ぎの方に絞った4800円（税抜）のコース。もうひとつは「プレミムカットコース」という極上感のあるネーミングの、60分以内で完成する頭皮診断やトリートメントをつけた6000円の贅沢コースです。

その他のメニューも同様に、スピードコースの価格帯と付加価値をつけた贅沢コースにしました。

○新メニューや新商材も一緒に導入

こちらのサロンは元々縮毛矯正にこだわったサロンでした。美容室を経営していらっしゃる方なら誰でもご存じの通り、縮毛矯正のお客様は、年間の来店頻度が遅い人ばかりです。なぜかといえば、縮毛矯正はくせ毛の部分が伸びないと施術ができないからです。

合間にカットやトリートメントなど、縮毛矯正以外を目的にご来店いただくことが理想ですが、「縮毛矯正をする時が次の来店時」と思っているお客様が多いのが現状です。

せっかく高い技術を提供しているのに、フォローアップがないのはとても残念なことです。縮毛矯正を強みメニューにしているので、縮毛矯正のアフターフォローを付加価値にしたコースも新メニューとして導入しました。

スピードという付加価値に特化して、早く染まるカラー薬剤を導入し、「クイックカラーコース」と名づけました。安心・安全という付加価値もつけるために、低刺激商材も導入しました。

どのメニュー価格帯も高単価設定です。すべて付加価値をつけていることを発信し、お客様に「ただの値上げではなく、メニュー自体が価値あるものに変化した」ことを発信し続けました。

実際の旧メニューと新メニュー

2016年2月4日

(旧) カット　3,780円（S・B込）

↓

(新) ≪当店一番人気≫
プレミアムカット　6,000円（60分）

- マイクロスコープによる頭皮診断
- 頭皮クレンジング
- シャンプー
- カット
- 修復のトリートメント
- 肩のマッサージ
- ブロー

◆マイクロスコープで頭皮環境を分析し、洗浄を行ないます。
トリートメントはサロン専用ミストを使用し、髪の内部まで薬剤を浸透させて、効果を実感していただける通常3,000円相当のトリートメントが最初から入っているお得なコースです。

≪お時間がない方におススメ≫
40分で仕上がるカット　4,800円（40分）

(旧) 縮毛矯正　27,000円（S・C・B込）

↓

(新) ゴールドストレート【プレミアムカット付き】 38,000円

- メンテナンストリートメント（4,500円相当）×2回分
総額9,000円相当がお得
- 遠方で来店困難な場合は、自社開発へアケア商品をお選びいただくことができます

◆自社開発した世界でたった1つだけの薬剤を使用し、ツヤツヤさらさらをご提供します。

プラチナストレート（プレミアムカット付） 50,000円
ゴールドストレートよりさらに進化した自社開発トリートメントが品質保証サービスでついています

- 髪をきれいに保つためのドライ毛先カット（3,800円相当）1回分
- メンテナンストリートメント（4,500円相当）×3回分　総額17,300円相当がお得です
- 遠方で来店困難な場合は、自社開発商品をお選びいただくことができます

https://instyle0526133632.jimdo.com/

▶2章1 ネーミングはキャッチコピーである（30ページ）
▶2章2 付加価値と演出でメニューをグレードアップする（32ページ）
▶2章4 新しいメニューの導入は必須である（36ページ）

5 新しいサービス・システムを導入する

いただいたお客様アンケートを踏まえて、
新しいサービスや新しいシステムができ上がりました。
店内に掲示するとともに、すべてのお客様に

①新メニュー表
②サービスの導入表
③年間イベント表
④ご挨拶状
⑤手書きひと言添え

のDMセットを送ります。

サービスの導入表

①シニアパスポートを発行します
65歳以上の方には年間パスポートを持ってきたいただくといつでもシニアご優待いたします

②メニュー構成・価格が変わります
お客様アンケートでいただいたご意見を参考に移転に伴いメニュー構成を変えました。

③ポイントカードが変わります
2015年末日にて旧カードの還元をいたしました。まだの方はお申し出ください。
新スタンプカードはご来店毎に1ポイント・次回ご提案日までで1ポイント・当日次回予約で1ポイントなど
誰でもポイントを沢山集めて頂けるシステムに変更いたしました。
達成時には、5000円相当の素敵なプレゼントをご用意しております

④お誕生日特典
ささやかですが、お客様の大切な記念日を一緒にお祝いするため、素敵なプレゼントをご準備しております。

⑤ご紹介特典
お客様の大切なお友達をご紹介ください。ご紹介いただきますとお二人共にご優待をさせて頂きます。

⑥雑誌の種類がふえます
いろんなジャンルの本を増やし、お客様にくつろいでいただけるの空間づくりを心掛けていきます。

⑦テレビを導入します
サロンの中はお客様一人だけの空間です。好きなテレビを視聴していただくことができます

⑧ニュースレターにてお得な情報を発信します
髪情報やサロン情報などお伝えします

⑨年間を通してお得なイベントを行います
お得なキャンペーンを企画していきます

⑩メール予約ができます。
電話以外でも予約が可能になります。

⑪お飲み物サービスを開始します。
アンケートでいただいたご意見を参考に美容にいいとされるお茶やコーヒー紅茶などご準備しております

⑫ウィッグの取り扱いを始めます

⑬赤ちゃんの胎毛筆うけたまわります。
誕生時の髪を記念に筆にします。男の子は習字の筆・女の子は紅筆が人気です。

⑭ヘアドネーション賛同美容室
ヘアドネーションとは髪の寄付です。脱毛症やがん治療などによって髪を失ってしまった子供たちのかつら作成のため
31センチ以上の髪を集め、NPO団体に寄付をします

お客様にお送りしたDMセットの中身

2016年3月1日

ご挨拶状

お客様各位

お客様方におかれましては、ますますご健勝のこととお慶び申し上げます。
平素はヘアーブティック　クルーズをご利用頂き誠にありがとうございます。

当店が中割町に出店致しまして２５年がたちました。お店の老朽化が進み、店名も一新し、InStyle(インスタイル)に変わります。完全個室のプライベートサロンに生まれ変わります。

イノベーションさせて頂くにあたり、より安心安全な高品質商材の導入・サービスの変更・新メニューの導入・メニュー構成と価格改正・リラクゼーションメニューの充実・今よりももっとお得な年間イベント企画などを行い、これからも InStyle はこれまで以上にお客様に喜んでいただけるように精進してまいります。

これからも InStyle の店長として皆様１人１人の専属の美容師として満足していただける技術を提供させて頂きたい思っておりますので、宜しくお願い致します。

InStyle　（インスタイル）
店長　齊藤寿恵

年間イベント表

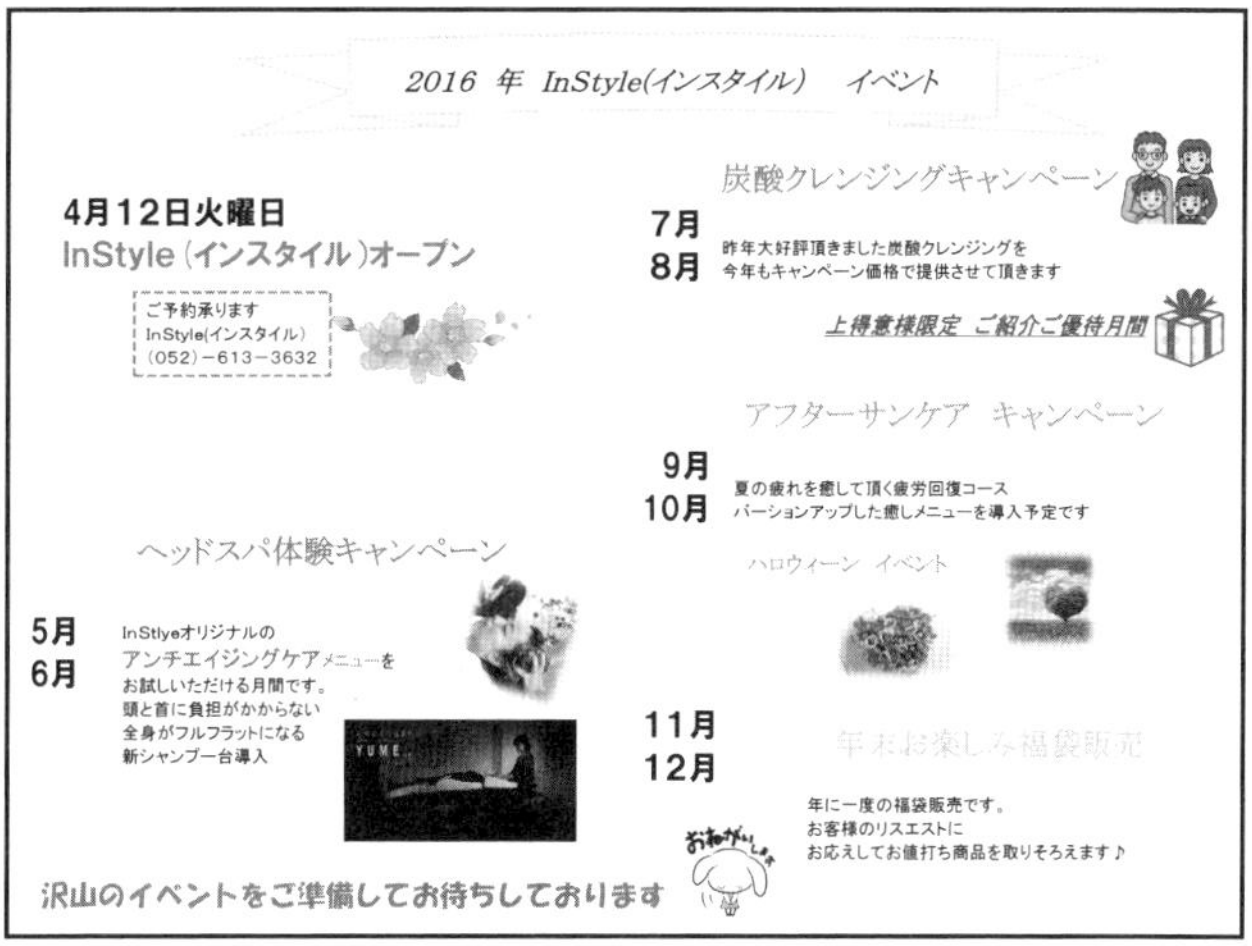

▶5章9 告知セットDMを送る（122ページ）

6 再スタート前と現在の売上数字を比較

行動計画表に沿って無事に再スタートを果たしたオーナー様ですが、実施後に不安が尽きることはありませんでした。

なぜならば、月日が経たなければ、その結果は出ないのですから。

心配していた4ヶ月後の客数の落ち込みには、あらかじめ対策を打っておきました。来店頻度が遅くなっている方や失客の可能性の高そうな方には、新しく導入したニュースレターを、普段は対面で渡すところを再来促対策として季節のお手紙と一緒に送ったり、可能な限りのフォローアップをしていました。

もちろんこのオーナー様にとってすべてがはじめての経験で、毎月ニュースレターの発行準備をしたり、カルテ管理方法を変えることでお客様の来店頻度を見える化して危機感を持ったり、サロンコンセプトから変えたことに伴って、それまでの「スピードを売るコース」とひとりサロン特有の「贅沢なコース」との差別化で演出を考えたり――。

何が一番大変かと言うと、毎月のお楽しみ企画です。企画するのもその準備をするのも実行してひとりでもたくさんのお客様にご提供するのも、すべてひとりでやらなければなりません。

オーナー様曰く「今までなんとなく来ていただいたお客様の注文を聞いて、そのように施術して、時事ネタで会話をして、という感じで経営してきましたが、会話の一つひとつが次の来店につながることや、サービス業としてお客様に滞在時間を買っていただくことや、お楽しみ企画を準備してお客様を喜ばせることが、ひとりサロンだからできる価値だということを知りました」

再スタート後、明らかに価格改正が原因で失客した数は、総客数190人中わずか6人と、3％でした。

1年後の売上・客数・客単価

2016年12月

年	月	総売り	総客	総売り客単価	年	月	総売り	総客	総売り客単価
					2016	4	951,683	61	15,601
2015	5	460,580	64	7,197		5	1,322,030	76	17,395
	6	433,440	67	6,469		6	1,113,400	67	16,618
	7	514,390	67	7,677		7	1,043,980	69	15,130
	8	438,690	63	6,963		8	988,430	66	14,976
	9	539,350	65	8,298		9	1,098,660	66	16,646
	10	368,840	60	6,147		10	1,035,130	65	15,925
	11	409,840	54	7,590		11	1,133,840	67	16,923
	12	763,290	102	7,483		12	1,218,540	82	14,860
	平均	491,053円	68人	7,248円		平均	1,100,633円	69人	16,008円

おわりに

読者の皆様、本書を最後まで読んでいただき本当にありがとうございました。

本書でお伝えしたことは決して机上の空論ではございません。私が〝小さなサロンの売上ＵＰ家庭教師〟として支援しているサロン様の実際の成功事例をお伝えしてきました。

支援してきたのは「『価格改正をしたい！』と思いながらも失客が怖く、なかなか行動に移せなかったが、背中を押してもらってよかった」と言われるオーナー様ばかりです。

今は、成功事例を伝えながら背中を押すのが私の仕事ですが、私自身がオーナースタイリスト時代、大幅な価格改正をした時は、背中を押してくれる人は誰もいませんでした。ですから、どのくらい勇気がいることかを一番理解しています。

私が価格改正をした直後、一番印象に残っているお客様の声は、いつもカットとカラーをオーダーされる高齢のお客様でした。本文でも触れましたが、単刀直入にこんなご相談を受けたことがあります。

「恵ちゃんのお店に行きたいけど、年金暮らしだから、申し訳ないけど2つは無理。ひとつは駅前の安いお店でやるから、カットかカラーのどちらをやったらいい？」

こう聞かれた時は答えが出せず、本当に自分が悪人のように思え、自らを責めました。

しかし、このお客様だけ特別に旧価格でご案内することはできません。なぜなら他のご理解くださった既存のお客様には、新価格でサービスを提供しているからです。

再スタートした私のひとりサロンは、次第に稼働時間一杯にまで予約が入り、新規のキャンセル待ちが出るようになり、繁盛サロンとよばれるようになりました。価値を売ることによって客単価アップし、生まれ変わることができたのです。

嬉しいことに、このご相談を受けたお客様も一度は他店に行かれたものの、その後、従来のメニューでご来店いただくことができました。お客様には感謝してもし尽くせませんでした。こんな思いをしたからこそ、「同じ立場の同志」として、サロンオーナー様を支援することができるのだと思います。

私はお客様に最高の技術やサービスを提供し、高料金サロンを築いたと思っておりますが、決して都会で有名なカリスマ美容師ではありません。サロンの価値を決めるのはお客様です。お客様を大切にする経営が、「再スタート」の基本です。

最後に、本書を出版するにあたり多くの方にお世話になりました。この場を借りてお礼を申し上げたいと思います。

支援しているサロンオーナー様、本書のノウハウは皆様の行動力の結晶です。

同文舘出版の古市達彦編集長、担当編集者の竹並治子様、本当にありがとうございます。

２０１７年５月吉日

理美容サロンプランナーK　迫田恵子

再スタートまでの告知と信頼関係づくり

		開始月	2ヶ月目	3ヶ月目	4ヶ月目	5ヶ月目
	週	1 2 3 4	1 2 3 4	1 2 3 4	1 2 3 4	1 2 3 4
既存客に対して	価格・コンセプト改正の準備	●コンセプト・メニュー改正の準備	●新サービスの検討	●改訂価格 決定 ●新サービスの決定		
	やること	●第1回「お客様と一緒につくるサロン」告知POPを店内掲示	●お客様の声を拾う	●ニュースレター発行	●ニュースレター発行 ●第2回告知POP お客様の声を生かした変更掲示	●ニュースレター発行 ●再スタート告知 DM発送 ●第3回 イノベーションの告知DM
	ツール作成の準備	●お客様の声を拾うためのアンケート用紙・箱 ※アンケートで今後取り入れたいメニューやサービスをヒアリングする	●ニュースレター開始の準備	●ニュースレターの作成	●お客様の声集計・店内掲示作成 ●再スタート告知DM作成 ●ニュースレターの作成 ●再スタートに向けて新戦術ツールの作成	●ニュースレターの作成 ●オープニングキャンペーンの準備
	予算		NL代	NL代	NL代 DM代	NL代 キャンペーン代
新規客に対して	新規集客準備・行動	（「カウンセリングシート」「予約表」「ポイントカード」「つなぐカルテ」「シニアパスポート」「お誕生日カード」「ご紹介特典」「ご提案カード」「次回予約カード」「予約状況表」「カルテ管理法」「ニュースレター」「3連動POP」「立体POP」「売上分析表」）				
	予算					看板代 チラシ代

付録 5ヶ月で価格改正できる行動計画表　再スタート前後5ヶ月でやること

数字が安定してくる時期		数字が下がる月	再スタート実施 オープニングキャンペーン		
6ヶ月目	5ヶ月目	4ヶ月目	3ヶ月目	2ヶ月目	実施月
4 3 2 1	4 3 2 1	4 3 2 1	4 3 2 1	4 3 2 1	4 3 2 1
〇〇キャンペーン		〇〇キャンペーン			
●ニュースレター発行、ニュースレターDM発送	●ニュースレター発行、ニュースレターDM発送	●ニュースレター発行	●ニュースレター発行 ●失客防止DM発送	●ニュースレター発行	●ニュースレター発行 ●オープニングキャンペーン実施
●ニュースレターの作成、ニュースレター失客防止DM開始	●ニュースレターの作成、ニュースレター失客防止DM開始	●〇〇キャンペーンの準備 ●ニュースレターの作成、ニュースレター失客防止DM開始	●ニュースレターの作成	●〇〇キャンペーンの準備 ●ニュースレターの作成 ●失客防止DMの作成	●ニュースレターの作成
NL代 DM代	NL代 DM代	NL代 DM代 キャンペーン代	NL代	NL代 DM代 キャンペーン代	NL代
	●紙ターゲット＝【継続課題】ポスティング、折込み、他媒体の見直し				●外看板掲示（認知上げ） ●集客ブログ開始（デジタルターゲット） ●紙（チラシ）
		チラシ代			

ココからのアフターフォローが大切

読者限定特典

本書のご感想をくださった方を対象に無料相談会を開催します。現状を伺った上で、本書をどのように活かしたらいいのか指導・提案いたします。

≪記入内容≫

① 本の感想
② サロン名
③ 名前
④ 住所
⑤ 電話／FAX
⑥ メールアドレス
⑦ 現状・相談事
⑧ 希望回答方法
(1) ビデオ通話30分、(2) 電話30分、(3) メール回答からお選びください

①～⑧を記載の上、FAXかメールでお申込みください。

≪お申込み先≫

理美容サロンプランナーK　迫田恵子

〒4740001
愛知県大府市北崎町皆瀬95（名古屋市隣）
TEL/FAX：0562-44-4555
Mail：k0562444555@ma.medias.ne.jp
HP　：http://sakodakeiko.com/

お申込み順にこちらからご連絡します。

著者略歴

迫田　恵子（さこだ　けいこ）

理美容サロンプランナーＫ代表　ひとりサロン経営塾主宰
元美容室オーナースタイリストで、“ひとりサロン”に特化した経営戦略により、ひとり月売上120万円超え・客単価12000円超えの繁盛店をつくり上げた後、持病の悪化により予約客を100人以上残して休業。現在は自身の成功事例を基に“小さなサロンの売上アップ家庭教師”として、経営者500人以上を支援。サロンワークの現場と経営を知るものだからできる経営指導を展開。戦略会議はスカイプ、LINEなどビデオ通話を活用し、全国から依頼多数。
サロン経営専門誌で経営コラムを連載中。著書に『小さなサロンだからできる極上のサービス』（ビービー・コム）がある。

【連絡先】
〒4740001 愛知県大府市北崎町皆瀬95（名古屋市隣）
TEL：0562-44-4555
Mail：k0562444555@ma.medias.ne.jp
HP：http://sakodakeiko.com/
毎日更新ブログ　小さな繁盛サロンの作り方　http://ameblo.jp/kei-planner/

小さなサロン 失客しない「価格改正」の方法

平成29年5月10日　初版発行

著　者 —— 迫田恵子

発行者 —— 中島治久

発行所 —— 同文舘出版株式会社

東京都千代田区神田神保町1-41　〒101-0051
電話　営業03（3294）1801　編集03（3294）1802
振替00100-8-42935

ISBN978-4-495-53711-1
印刷／製本：萩原印刷
Printed in Japan 2017